D0292944

Les Éditions du Renouveau québécois
4270, boul. Saint-Laurent, bureau 204
Montréal, Québec
H2W 1Z4
Téléphone : 514-843-5236
C. élect. : info@lautjournal.info

Conception de la couverture : Olivier Lasser
Montage : Réjean Mc Kinnon
Révision : Jacques Serge

ISBN 978-2-9812259-2-4
Dépôt légal : Bibliothèque nationale du Québec, 2011
Dépôt légal : Bibliothèque nationale du Canada, 2011

La laïcité, ça s'impose !

Louise Mailloux

La laïcité,
ça s'impose !

Remerciements

Je tiens à remercier Pierre Dubuc, mon éditeur et ami, qui a eu l'idée de ce livre et le génie de regrouper mes articles. Merci pour ses patientes relectures, et surtout, pour sa grande confiance. Merci également à Jean-Claude Germain, le complice, à qui je dois ce titre magnifique, la lecture du manuscrit et les précieux conseils. Finalement, merci à Lorraine, ma conjointe. Merci de m'endurer quand la page est blanche et de bien vouloir critiquer chacun de mes textes avec autant de cœur et d'intelligence. Sans vous trois, ce livre n'existerait tout simplement pas.

Pour Alexandre, mon neveu,
qui va devenir un homme.
Pour qu'il comprenne l'importance
et la puissance des mots...

« *Chaque génération, sans doute, se croit vouée
à refaire le monde.* *La mienne sait pourtant
qu'elle ne le refera pas.* *Mais sa tâche est peut-être
plus grande.* *Elle consiste à empêcher
que le monde se défasse* »

Albert Camus, Discours de Suède

Sommaire

INTRODUCTION
Dieu existe et il est partout... 15

LA LAÏCITÉ AU QUÉBEC
La Laïcité québécoise : un projet inachevé et menacé............. 23
God Bless Canada... 37
Une nation et son crucifix.. 43
Le Commerce des petites âmes.. 49
Éthique et culture religieuse :
    Quand on préfère les cierges aux Lumières........................ 55
L'Interculturalisme : une imposture anti-laïque...................... 61

L'INTÉGRISME
Le Marketing du voile islamique.. 73
Au nom du Père et du Fils.. 79
L'Intégrisme religieux menace-t-il nos droits ?....................... 85

POLÉMIQUES
Le Manifeste des pluralistes :
    un manifeste raciste et antiféministe............................. 95
Québec solidaire et la Fédération des femmes du Québec
    nous servent toujours la même poutine..........................101
Voile islamique : Québec solidaire
    et le pari de sœur Françoise......................................107
La Laïcité selon Jean-François Lisée....................................113

LAÏCITÉ, ATHÉISME, CULTURE ET SCIENCE
La Laïcité a-t-elle tué l'athéisme ?...................................123
Laïcité : au cœur du débat avec Charles Taylor......................135
Faut-il brûler Lévi-Strauss ?..141
Darwin dans la mire des créationnistes................................147

ÉPILOGUE
Dieu, Allah et Petit Pois.. 157

ANNEXE
Charte de la laïcité proposée par le CCIEL............................163

INTRODUCTION

DIEU EXISTE ET IL EST PARTOUT

Dieu n'existe probablement pas, alors cessez de vous inquiéter et profitez de la vie. » Ce message affiché sur quelques autobus du centre-ville de Montréal durant tout le mois de mars devait réjouir les athées, interpeller les branlants et provoquer les croyants. On aurait pu s'attendre à voir couler l'encre et le sang partout dans les médias. Dans les autobus colportant le blasphème, sur la ligne 51, pour les très universitaires, athées et croyants s'affrontant, comme au siècle des Lumières, argumentant sur la Chimère, s'arrachant même les cheveux et les yeux, en polémiquant à qui mieux mieux sur l'existence du bon Dieu.

Mais le combat n'a pas eu lieu. Aucune plainte, aucun cri, aucune colère. Bien au contraire. Les athées furent déçus et agacés par le frileux « *probablement* » dont les croyants se sont régalés et moqués bien gentiment. Queue de poisson ou pétard mouillé, les autobus n'ont fait que circuler dans l'indifférence générale de ceux qui passent, avec en vitrine, Dieu comme de l'aspirine.

Et pendant qu'à Montréal nous nous demandions si Dieu existe, Il était au Brésil, le corps chaud et bien vivant, à mettre le pays à feu et à sang, à faire couler l'encre partout dans les médias du monde, pour avoir excommunié une enfant de neuf ans, violée par son beau-père, puis avortée grâce à sa mère. Tout cela avec l'indulgente bénédiction du bon Pape Benoît.

Et pendant qu'à Montréal..., Il est au Cameroun également. C'est bien connu, Dieu est partout. En Afrique, à convaincre tous les sidéens des dangers... du condom. Réfléchissez un peu, et dites-vous bien que si Dieu n'existait pas, l'infaillible Benoît serait emprisonné depuis longtemps.

Et l'homme créa Dieu

Il n'y a pas Dieu au ciel et les hommes sur la terre. Il n'y a jamais eu de Dieu à grande barbe blanche, assis confortablement sur un nuage de chez Léon et qui nous regarde tout en bas pendant qu'on mange un beigne chez Tim Hortons. Non, allez, profitez de la vie et continuez à manger des beignes !

Ce n'est pas Dieu qui a créé l'homme, mais ce sont les hommes qui ont créé Dieu. Cette formule résume à elle seule toute la pensée du XIXe siècle, où des philosophes tels Feuerbach, Marx, Nietzsche et Freud délaissent les réfutations rationnelles des Lumières sur l'existence de Dieu pour se pencher plutôt sur le « *pourquoi* » et le « *comment* » de son existence. Pourquoi les hommes croient-ils en Dieu ? Ce renversement radical va faire de l'anthropologie, la nouvelle vérité théologique. Désormais, il faudra regarder le ciel par l'autre bout de la lunette, à partir de l'homme, de sa vie, de son histoire et du besoin qu'il a de toujours s'inventer Dieu. Ces philosophes nous auront appris non seulement que Dieu est mort, mais que c'est nous qui le faisons vivre et qu'il n'en tient qu'à nous de le faire disparaître. Que Dieu se résume à ce qu'on en dit et ce qu'on en fait. Rien d'autre. Dieu n'est pas un savoir, Dieu est une fiction, une croyance, une folie grandiose. Vu sous cet angle, vous aurez compris que la contre-preuve de l'existence de Dieu devient superflue. Que Dieu existe ou pas ou probablement (!) est sans importance. Alors les autobus peuvent toujours continuer à circuler, ils se déplacent dans le XVIIIe siècle. Pas étonnant que personne ne s'y intéresse.

La puissance du faux

Au XVIe siècle, c'est Machiavel, qui conseillant le Prince, affirma que « *la religion est le meilleur rempart du Prince.* » En disant cela, le philosophe introduisit une dimension politique à la religion comme à la croyance en Dieu. Maintenir Dieu pour maintenir l'ordre et le peuple dans la sujétion. Tel était le précieux conseil. À la même époque, Thomas More écartera de son *Utopie* tous ceux qui ne croient pas en Dieu, considérant à l'instar de Platon dans *Les Lois,* les athées comme une menace et un réel danger pour la société.

Deux siècles plus tard, John Locke dans sa *Lettre sur la Tolérance* réitérera la même condamnation vis-à-vis les athées qu'il crut préférable de ne pas tolérer... Écoutons-le : « *Enfin, ceux qui nient l'existence d'un Dieu, ne doivent pas être tolérés, parce que les promesses, les contrats, les serments et la bonne foi, qui sont les principaux liens de la société civile, ne sauraient engager un athée à tenir sa parole ; et que si l'on bannit du monde la croyance d'une divinité, on ne peut qu'introduire aussitôt le désordre et la confusion générale.* » Et le tolérant Voltaire en rajouta un peu plus tard en écrivant dans son Dictionnaire philosophique : « *Je ne voudrais pas avoir affaire à un prince athée, qui trouverait son intérêt à me faire piler dans un mortier (......). Il est donc absolument nécessaire pour les princes et pour les peuples, que l'idée d'un Être suprême, créateur, gouverneur, rémunérateur et vengeur, soit profondément gravée dans les esprits.* » Ici c'est la puissance de l'idée qui compte, parce que ces gens-là ne prient jamais. Ils font de la politique.

La vie est sacrée, n'en profitez pas !

Contre la contraception, contre l'avortement, contre la recherche médicale sur les cellules souches, contre le suicide assisté et contre l'euthanasie de la petite Phébé vivant le martyr et dont l'histoire récente a ému le Québec. C'est Dieu qui donne et c'est Dieu qui reprend. Et dans ce credo, les protestants, les juifs et les musulmans sont aussi catholiques que le Pape ! Tous unis en Dieu pour nier la vie, la triturer, la condamner, soumettre les corps et les esprits, soumettre les femmes surtout, et condamner l'homosexualité...

Dieu, le parfait, l'intouchable, le non falsifiable. L'alibi des pires violences commises contre la vie. La ruse suprême pour nous faire croire que la vie est une tarte coupée en deux avec d'un côté le bien et de l'autre le mal, une tarte dans laquelle on fait s'agenouiller les foules en prenant bien soin qu'elles s'écrasent toujours du côté du bien, là où Dieu n'a jamais mis les pieds. Ce Dieu qui nous fait vivre à moitié et à genoux, il existe toujours et il est contre nous. Feuerbach et les autres appelaient cela de l'aliénation...

Dieu existe et il est partout

Les Québécois se trompent en pensant que la religion est chose du passé. Certains diront que les églises sont vides. Les églises catholiques, oui. Et après ? C'est aller un peu vite en affaires et oublier que nos têtes, elles, sont encore pleines de toutes ces valeurs chrétiennes qui font exister Dieu au sein des comités d'éthique des hôpitaux contre l'euthanasie, le font siéger au Parlement dans nos chartes et nos lois contre le suicide assisté, re-Dieu au Parlement à discuter d'avortement, Dieu aux funérailles, aux mariages et aux baptêmes. À la mort du pape, Dieu paraît des jours entiers à la télé, Dieu en éditorial à Noël et à Pâques, Dieu qu'on publie parce qu'il s'appelle monseigneur, Dieu qui fait régulièrement la une et suscite des tempêtes de courriels, Dieu qui « *mousse* » l'idée de la femme au foyer, Dieu sur les trottoirs de Montréal, dans les écoles et au travail, dans les vêtements, Dieu dans le turban et le kirpan, Dieu recouvrant les femmes voilées, les femmes juives portant perruque, Dieu dans les aliments, sans le porc, avec le ramadan, sans les nageoires et le lait avec la viande, Dieu dans le sexe propre et sur les autobus... Voilà les preuves de l'existence de Dieu !

On entend souvent dire que la laïcité nous a jeté dans un monde vide de sens, un immense désert rempli de sexe, d'alcool, de drogue et de violence et que le retour du religieux serait celui du balancier, pour ne pas que Dieu nous refasse le coup du déluge. Que la religion serait en quelque sorte une vraie bénédiction pour remédier à cette anomie de la modernité.

Je ne partage pas cette analyse. Je crois que Dieu n'est mort que sur le plan épistémologique parce qu'on ne se réfère plus à lui pour expliquer le monde. Mais qu'à part ceci, Dieu a toujours été présent et qu'il continue de l'être.

Et pour employer une formule de Jacques Bouveresse, il n'y a pas à proprement parler de *retour* du religieux, mais plutôt de plus en plus de *recours* au religieux pour faire de la politique. Autrement dit, Dieu et sa marmaille se sont politisés et bien que la religion ait toujours été de la politique, elle semble le devenir davantage en ce début de siècle avec la montée du fondamentalisme.

Est-ce que Dieu existe ? Cette question est futile et inintéressante. Ne vous préoccupez pas de savoir si Dieu existe ou non, mais occupez-vous plutôt de ceux qui y croient. Parce que ces gens-là ne rigolent pas, qu'ils vont tout rapetisser et qu'eux, ils existent !

Avril 2009

LA LAÏCITÉ AU QUÉBEC

La laïcité québécoise :
Un projet inachevé et menacé

**Allocution présentée à l'Université d'été
du Mouvement National des Québécois,
25 septembre 2010**

Bien que les écrits se fassent rares sur l'histoire de la laïcité au Québec, celle-ci n'en est pas moins liée à notre histoire et depuis fort longtemps. Les premières revendications laïcistes nous sont venues des Patriotes (1837-1838) qui, dans leur Déclaration d'indépendance, réclamaient la liberté de conscience, l'abolition de la dîme et la séparation stricte de l'Église et de l'État alors que les parlementaires libéraux, pour leur part, s'opposaient à ce que des subsides soient versés aux hôpitaux et aux organisations caritatives catholiques et demandaient que l'État ne verse aucune subvention aux écoles confessionnelles. Les laïques d'alors ont perdu et c'est l'Église catholique qui, devenant le porte-parole des Canadiens français, a exhorté ceux-ci à la loyauté et à la soumission face aux autorités britanniques, excommuniant les Patriotes, en échange de quoi l'Église a obtenu des Anglais le droit de conserver ses propres écoles pour propager sa foi catholique et éviter aux Canadiens français l'assimilation au protestantisme.

Récompensée par les colonisateurs britanniques pour son dévouement exemplaire, l'Église catho-

lique obtiendra sa reconnaissance officielle en
1840 et une loi sera adoptée en 1841 en vertu de
laquelle les protestants et les catholiques auront
droit à des écoles séparées. En 1867, une protection spéciale pour ces deux confessions sera ins-
crite à l'article 93 de la Constitution canadienne.
Cette biconfessionnalité définira le système scolaire québécois pendant plus d'un siècle, soit
jusqu'en 2005.

Désormais, le clergé catholique imposera son
temps liturgique et nommera le territoire. Croix de
bois, croix de chemin. Dans le calendrier, chaque jour
aura son saint dont les noms pleuvent sur les rues et
les villages. Alors que les curés contrôlent le sexe en
ordonnant aux femmes de se laisser violer par leur
mari, ils baptisent les nouveaux-nés à la pelletée,
passant outre à la liberté de conscience. À chaque
mois, les femmes espèrent ne pas être enceintes,
mais enfantent à chaque année des trâlées de petits
catholiques. C'est l'œuvre de Dieu. La famille
s'agrandit et les hommes travaillent comme des
damnés pour nourrir toutes les bouches. Qu'importe
leur calvaire. L'assemblée des fidèles s'accroît. Les
curés sont contents, y va y avoir du monde à la
messe, plus qu'à l'école devenue obligatoire en 1943,
malgré l'opposition de l'Église. Oubliez les livres, le
théâtre, les films et le minuit chrétien, le missel suffira. Dans les écoles unisexes, les religieuses en
burqa mesurent la longueur des jupes et les frères en
soutane jouent au hockey avec une croix dans le cou.
Ces religieux travailleront sans relâche à nous incul-
quer le catéchisme et les sept péchés capitaux, l'histoire du père Brébeuf, celle des méchants Iroquois et

la morale chrétienne, pendant que le cardinal Léger
et Maurice Duplessis combattaient les syndicats et le
communisme athée. C'est ainsi que le catholicisme
fut lié à notre destin et devint un des vecteurs principaux de notre identité et de notre culture nationales, et qu'il demeurera jusqu'à la Révolution tranquille, le lieu par excellence de l'expression du nationalisme québécois.

Puis vint cette fameuse Révolution tranquille où,
en l'espace d'une décennie, un vent de changement
souffle sur le Québec qui s'industrialise et qui a
besoin d'une main-d'œuvre qualifiée, un Québec où
la pilule anticonceptionnelle fera des petits en révo-
lutionnant les mœurs sexuelles, libérant les
femmes du fardeau des maternités, leur permettant dorénavant l'accès aux études, au travail et à
la vie publique, sapant ainsi le socle de la famille
traditionnelle, courroie privilégiée de transmission
entre l'Église et la nation.

Les femmes boudent les cours de préparation au
mariage et préfèrent lire De Beauvoir. Elles reven-
diquent leurs droits, d'abord des droits civils concernant le mariage et la famille, pour ne plus être soumises à leur mari – comme le voulaient nos curés –
et considérées comme des mineures et devenir, pour
la première fois dans l'histoire, des citoyennes à
part entière. Vint ensuite, dans les années 70, la
dure bataille pour l'obtention des droits sociaux tels
la contraception et l'avortement et le droit à des
garderies populaires permettant aux femmes de
disposer de leur corps, de ce corps qui appartenait
aux prêtres et aux médecins, faisant de leur biologie
non plus un destin comme la religion le veut, mais

une situation sur laquelle elles ont prise. Ce sera le coup de jarnac porté à la grande noirceur. En l'espace de quelques décennies, les femmes québécoises feront tomber l'Église catholique.

Le féminisme aura transformé la vie de ces femmes et leur aura permis de devenir des actrices importantes dans toutes les sphères d'activité du Québec d'aujourd'hui. Ces progrès-là, vous le savez, n'ont pas été obtenus grâce à la religion. Bien au contraire, c'est plutôt en s'éloignant de la balustrade et du confessionnal que l'égalité entre les hommes et les femmes a pu devenir une réalité tangible pour toutes les femmes du Québec, en même temps qu'un des vecteurs incontournables de notre identité nationale. C'est d'ailleurs ce que bon nombre de Québécois, hommes et femmes, ont exprimé publiquement lors des audiences de la Commission Bouchard-Taylor.

Avec cette Révolution tranquille, une nouvelle classe moyenne prendra le relais des religieux dans les institutions et l'État affirmera sa primauté dans la sphère publique. Nous assisterons alors à une séparation de l'Église et de l'État avec la laïcisation des actes de naissance et de mariage, laïcisation des services sociaux, ceux de la santé, la démocratisation de la culture avec la mise sur pied du ministère des Affaires culturelles, le rapport Parent et la création en 1964 du ministère de l'Éducation, la création de cégeps laïques issus des collèges classiques et la laïcisation des universités. Cependant, un compromis majeur sera consenti par l'État aux catholiques et aux protestants en maintenant un enseignement confessionnel dans les écoles publiques du Québec.

C'est donc sur le terrain de l'éducation que la bataille pour la laïcité va se concentrer, avec pour principale revendication, la déconfessionnalisation des écoles publiques québécoises. 1961 verra naître le Mouvement laïque de langue français (MLLF), l'ancêtre de l'actuel Mouvement laïque québécois (MLQ), dont le principal objectif est la déconfessionnalisation des écoles publiques. S'ensuivront différentes demandes, de la part de syndicats (FTQ et l'Alliance des professeurs de Montréal) poursuivant les mêmes objectifs. 1995 sera l'année des États généraux sur l'Éducation, dont la grande recommandation fut de poursuivre la déconfessionnalisation des commissions scolaires pour les remplacer par des commissions scolaires linguistiques. Deux ans plus tard, un groupe de travail présidé par Jean-Pierre Proulx sera formé pour examiner la place de la religion à l'école. L'une de ses principales recommandations a été l'abolition du statut confessionnel des écoles, alors qu'une autre recommandait l'abolition de tout enseignement confessionnel, voire des privilèges accordés aux catholiques et aux protestants. Il fallut attendre 2005 pour que ces deux recommandations soient adoptées par le gouvernement et que le système scolaire québécois soit enfin laïcisé.

La même année, suite à une tentative d'intégristes musulmans voulant instaurer des tribunaux de la charia en Ontario, une motion unanime de l'Assemblée nationale du Québec fut adoptée contre l'implantation de tribunaux islamiques. La coïncidence est ahurissante et laisse pantois. Alors que l'on croyait en avoir fini avec Rome, c'est maintenant La Mecque qui débarque et ce ne sont pas des bénitiers qu'ils demandent, mais des lavabos.

Juste au moment où l'on vient de remiser notre religion dans un cabanon, voici qu'il y en a d'autres qui se mettent en ligne avec leur voile, leur niqab, leur turban et leur kirpan et viennent cogner à la porte d'en avant, vous savez, celle par où jadis entrait le curé pour sa visite paroissiale et qui donne maintenant sur la cour, la Cour suprême.

Sous l'effet de la mondialisation et de son immigration, le Québec connaît un regain de ferveur religieuse alors que ses églises sont transformées en condos, et qu'il vient tout juste d'achever la déconfessionnalisation de ses écoles publiques. Une nouvelle ferveur religieuse dans laquelle bon nombre de Québécois ne se reconnaissent pas. Depuis quelques années, la caravane du pluralisme religieux prospère parmi nous, dans nos garderies, nos écoles, nos universités, nos hôpitaux, nos cafétérias, nos piscines, nos services publics, nos rues, dans les fenêtres givrées ou, mieux, les femmes de noir givrées. Elle a pour noms la tolérance, le pluralisme, la différence, le vivre-ensemble, le respect de l'autre, l'ouverture à l'autre, l'identité de l'autre, la communauté de l'autre, la culture de l'autre, les traditions de l'autre et bien évidemment la religion de l'autre. Cet « *autre* » que l'on nous demande d'accepter comme si nous étions dans le Petit Prince de Saint-Exupéry.

Les Québécois ne veulent pas que la religion, ni la leur ni celle des autres, ne revienne à l'avant-plan de nos institutions publiques, parce que nous n'avons pas oublié de quel prix se paie l'emprise politique d'une religion sur un peuple, de quel prix se paie cette soumission des corps et des esprits, et celui plus exorbitant encore qu'ont dû payer nos mères et nos grands-mères et toutes ces femmes pour qui la religion fut un calvaire. Au Québec, nous ne voulons assurément plus de cela. Nous voulons continuer de goûter cette vie librement sans qu'aucune religion ne vienne la rapetisser à nouveau. C'est la liberté qui nous fait protester, c'est la liberté qui nous fait se lever, pas l'intolérance, le racisme ou la xénophobie.

Les religions n'ont jamais accepté que la laïcité les confine à l'espace privé, pas plus qu'ils n'ont accepté l'émancipation des femmes. De sorte que la résurgence et la persistance du religieux dans nos sociétés doivent être comprises comme une tentative politique pour les religions de vouloir contester la laïcité, reconquérir l'espace public et contrer la révolution féministe.

Et les catholiques ne font pas exception à la règle. N'ayant jamais digéré notre laïcité, ces conservateurs y voient une opportunité pour revenir à la charge en disant se porter à la défense de l'identité québécoise face aux religions minoritaires. C'est la majorité de catholiques pure laine dont nous a tant parlé Mgr Ouellet devant la commission Bouchard-Taylor.

C'est aussi ce dont a parlé le Pape, lors de sa visite en Grande-Bretagne, quand il a déclaré : « *J'élève ma voix contre la marginalisation de la religion chrétienne, même dans les pays où il y a une grande tolérance.* » En clair, faudrait plus de christianisme dans les pays où celui-ci n'est pas toléré, mais surtout plus de christianisme dans les pays chrétiens et, pourquoi pas !, dans cette Angleterre anglicane, multiculturelle et hyper-tolérante où il n'y a pas moins de 57 tribunaux de la charia.

Ce retour du religieux, qui vient cogner aux portes de nos institutions publiques ou privées, n'est pas propre au Québec, et il doit être envisagé dans un contexte international où les intégrismes religieux, particulièrement celui de l'islam radical, exercent des pressions et des menaces éhontées sur les institutions de l'ONU et y mènent une offensive soutenue et concertée pour détruire l'universalisme des droits de l'Homme qui est au fondement de la laïcité républicaine. C'est dans cette perspective plus globale qu'il faut envisager la situation du Québec, et cette offensive anti laïque a un nom, celui de laïcité ouverte et une politique, celle du multiculturalisme.

Aménager, négocier une ouverture pour que les religions puissent à nouveau réinvestir le champ public, en nous présentant la chose comme une nouveauté, un nouveau type de laïcité plus souple, plus respectueux des identités et mieux adapté au pluralisme des sociétés modernes. Nous laissant ainsi croire qu'il y a désormais deux types de laïcité. La dure tout en béton et l'autre en gomme ballonne, pour que chacun vive dans sa bulle.

Mais il n'y a pas deux sortes de laïcité, l'une qui serait ouverte et l'autre fermée. Ça c'est de la poudre aux yeux pour mélanger tout le monde. Non, il y a la laïcité qui subit, en ce début de siècle, une offensive sans précédent venant des religions, particulièrement celle de l'islam pour qui la séparation du politique et de la religion demeure une hérésie. Son objectif ? Remettre le religieux sur les rails du politique en décloisonnant le privé et le public dans le but de reconfessionnaliser l'espace civique et redonner aux religions une visibilité et une légitimité dans la sphère publique. Cette bataille est politico-religieuse et elle menace directement la laïcité de nos institutions.

L'enjeu ultime ? Reconnecter la créature à son Créateur et sortir la Bible et le Coran pour moraliser la vie dans ses moindres recoins, renvoyer les femmes à la maison et les homosexuels dans le placard. C'est fondamentalement à cela que va servir l'ouverture. Et que vous priiez en direction de Rome ou de La Mecque, c'est toujours dans la même direction.

Le secret pour « *ouvrir* » cette laïcité ? Le libéralisme anglo-saxon qui affirme que l'individu est plus important que l'État. C'est de nous faire croire que le Québec n'est qu'une somme d'individus, que les Québécois ne sont que des individus qui s'additionnent comme des *smarties,* avec des rouges, des bleus et des jaunes, sans qu'une histoire et qu'une culture communes les rassemblent, sans qu'une identité nationale les unisse, ne reconnaissant pas à cette majorité francophone le droit à l'affirmation identitaire, le droit à une appartenance que l'on n'accorde qu'aux minorités, nous obligeant à n'être qu'une majorité de *smarties* ethniques parmi les minorités bleues, blancs, rouges, tout juste des immigrants dans notre propre pays.

Alors pourquoi pas le hidjab et le turban dans la fonction publique, puisque nous sommes de nulle part et de partout en même temps ? Cette laïcité ouverte au port de signes religieux dans la fonction publique ne fait pas que violer la neutralité de nos institutions et contester nos valeurs, c'est aussi une ouverture au multiculturalisme encourageant l'affirmation des signes qui renforcent la différenciation et l'exclusion. Après, on viendra nous dire que la religion, ce n'est pas de la politique !

Pulvériser l'État et la collectivité en nous faisant croire qu'il n'y a que des individus qui ont tous les droits en vertu des chartes, mais qui ne sont citoyens de rien parce qu'on n'est pas citoyen d'une charte, mais bien citoyen d'un État, d'un État qui défend des valeurs communes comme la laïcité, le fait français et l'égalité des sexes. Ces chartes qui, en matière d'accommodements religieux, font peser plus lourd dans la balance les tribunaux que l'Assemblée nationale, où se retrouvent nos députés et nos ministres, les représentants élus de l'État. Ce qui, en matière de droit, fait peser plus lourd les droits individuels que les droits collectifs, fait donc peser plus lourd la liberté religieuse que les droits des femmes, plus lourd le hidjab que son sexisme outrageant.

C'est encore une fois nous faire croire qu'il n'y a que l'individu, électron libre devant Dieu et dont la religion est personnelle, comme si une religion pouvait être personnelle, et nous faire oublier combien ils sont nombreux à être personnels de la même façon... L'intérêt d'une telle astuce ? Justifier le caractère subjectif de la croyance et faire de la sincérité du croyant un critère suffisant pour fonder sa liberté de religion. Il suffit d'être sincère pour que n'importe quoi devienne sa religion. C'est jusqu'à maintenant l'interprétation généreuse qu'ont privilégiée les juges de la Cour suprême et qui a pour effet de donner préséance à la liberté religieuse.

C'est aussi de nous présenter le *smartie* religieux comme étant seul avec son Dieu, rempli de foi, sans idéologie sexiste et homophobe, sans organisation et sans financement, sans la moindre possibilité d'appartenir à un mouvement islamiste, qui milite pour que la loi religieuse prime sur nos lois civiles. Je me permets de vous rappeler que se tient aujourd'hui à Montréal un congrès islamique dont certains organisateurs et conférenciers sont liés à la mouvance intégriste des Frères Musulmans.

La laïcité ouverte, c'est l'absolue négation du collectif. Négation de la nation, négation des droits des femmes et négation de l'intégrisme politico-religieux. On comprend mieux pourquoi ses partisans ne parlent jamais de sexisme, de nationalisme ou d'intégrisme. Rien de collectif, rien qui pourrait offrir une quelconque résistance. Cette laïcité ouverte aux religions, un bijou de néo-libéralisme.

Notre laïcité n'est pas qu'inachevée, elle est aussi grandement menacée. Et c'est en demeurant fidèle à notre héritage laïque que nous réussirons à la préserver. C'est le seul passé qui nous garantisse un avenir. De se ranger du côté des catholiques, ce serait non pas défendre notre identité, mais défendre des valeurs catholiques auxquelles le Québec moderne a tourné le dos depuis les années 60. Contre la contraception, contre l'avortement, contre l'homosexualité, contre le divorce, contre l'ordination des femmes. Est-ce cela que nous sou-

haitons défendre ? Il est révolu le temps où la religion catholique structurait notre vie de la naissance jusqu'à la mort. Le Québec est sorti de la religion et la foi des croyants doit demeurer une affaire
privée et ne plus s'imposer dans la vie publique.
Voilà le véritable avenir auquel la grande majorité
des Québécois aspire.

Certains d'entre vous souhaiteraient peut-être
une laïcité sélective qui soit favorable à la majorité
catholique. Une telle laïcité ne peut exister parce
que, dans son essence même, la laïcité est républicaine et non nationale, qu'elle s'inspire de l'universalité des Droits de l'Homme dont elle est contempo-
raine et garantit à chaque citoyen les mêmes droits,
un État neutre qui ne favorise aucune religion et qui
les maintient toutes à bonne distance du politique. Il
ne faut pas être dupe. Lorsque, au printemps dernier, le cardinal Ouellet s'est rendu à Ottawa pour
convaincre les députés conservateurs d'interdire
l'avortement même en cas de viol, ce n'était certes
pas pour défendre l'identité québécoise.

Trois ans après la crise des accommodements
religieux où les Québécois se sont majoritairement
prononcés contre le retour du religieux dans l'espace public, le Québec inféodé aux décisions de la
Cour suprême, est en voie de devenir une société
multireligieuse. Et c'est une aberration qu'à l'heure
actuelle, ce soient les avis juridiques de la
Commission des droits de la personne qui définis-
sent les orientations du Québec en matière de laïcité. Quelle place voulons-nous donner à la religion
dans nos institutions publiques et notre espace
civique ? Cette question primordiale n'est pas juri-

dique, mais bien politique, et appelle une réponse appropriée. La classe politique a donc une responsabilité et elle doit agir. La population attend des décisions et nombreux sont les gens qui réclament une Charte de la laïcité.

Dans cette bataille cruciale, les nationalistes et les souverainistes ont un rôle important à jouer mais, tout comme la gauche et les féministes, ils sont divisés sur cette question. D'un côté, il y a la position multiculturaliste en faveur d'une laïcité ouverte tous azimuts qui est défendue par le Bloc Québécois et qui trouve même des échos chez certains péquistes. Leur argument ? Il est stratégique et se résume à ceci : on ne doit pas se mettre à dos la communauté musulmane parce que, le temps venu, ces gens ne voteront pas pour l'indépendance. Autant dire que l'on brade la laïcité du Québec contre des votes. Et que tout cela va se faire sur le dos des femmes parce que la religion veut les femmes à la maison et que ce sont elles qui vont en payer le gros prix. On vend ses sœurs, ses filles et sa mère et on se fout de quoi le pays aura l'air, pourvu qu'il soit indépendant !

Le Parti Québécois, pour sa part, défend une position républicaine et propose de faire adopter une Charte de la laïcité qui interdirait tout port de signes religieux chez les employés de l'État, de même que la liberté de religion ne pourrait être invoquée pour enfreindre le droit à l'égalité entre les femmes et les hommes en plus de mettre fin aux subventions publiques pour les écoles privées ethno-religieuses. Cette position peut freiner l'offensive anti-laïque dont le multiculturalisme est l'armature, en plus de répondre aux attentes de bon nombre de Québécois. Elle réconforte comme de la soupe aux pois à l'automne parce que c'est ce que nous avons eu de mieux depuis Bouchard-Taylor.

Et, vous, les nationalistes, quelle position défendrez-vous ? Celle d'appuyer les catholiques pour des raisons identitaires et historiques ? Vous cramponnerez-vous au crucifix de l'Assemblée nationale, en l'opposant au hidjab et au kirpan ?

Pour ma part, je suis profondément convaincue que seule une laïcité ferme et exigeante vis-à-vis toutes les religions peut contrer cette offensive multireligieuse et nous garantir un avenir qui soit en continuité avec notre histoire et notre identité avec une croix sur le Mont-Royal, une croix sur notre drapeau, une croix au carrefour des villages et, pour illuminer tout ça, des sapins de Noël, d'Hérouxville jusqu'au Plateau.

Victoriaville, 25 septembre 2010

GOD BLESS CANADA

Les églises sont vides, vous savez pourquoi ? Parce que les croyants sont tous en route pour Ottawa. Mine de rien, d'un océan à l'autre, s'est mis en marche le plus gigantesque des pèlerinages, habilement déguisé en campagne électorale. « *Monsignore* » Turcotte frayant avec « *l'Octopus* » Dei, les protestants, les juifs et les musulmans, tous unis derrière Stephen Harper, pour que Dieu et ses nombreux commandements fassent leur entrée au Parlement.

Le cortège est impressionnant. D'un œcuménisme comme on en voit rarement. Faut croire que cette fois-ci, le jeu en vaut bien la chandelle. Une vague conservatrice, nous prédisent les sondages. Ciel ! Vous rendez-vous compte de ce qui se trame ? C'est un raz-de-marée évangélique qui nous attend. Un événement sans précédent. Imaginez un peu, ce serait la première fois, dans toute l'histoire du Canada, que les mouvements religieux fondamentalistes, ceux particulièrement militants de l'Ouest canadien, auraient réussi à investir avec autant de succès le gouvernement, dans le but exprès de reconquérir la société civile. Parce qu'ils ont compris que le prosélytisme et le lobbyisme, à eux seuls, ne suffisent pas, et qu'il faut, dorénavant, occuper les fauteuils du Parlement. Mon dieu, imaginez, la multiplication des pains et des poissons (surtout les poissons !), au lendemain des élections.

Dieu au pouvoir ! Et que la théocratie commence ! C'est pour cela qu'ils marchent depuis des décennies, partis de l'Alberta, de la Saskatchewan et de la Colombie-Britannique, nos Anglais faisant élire des députés, des ministres et un Premier Ministre. Stephen Harper, membre de la *Christian and Missionary Alliance,* une Église évangéliste presbytérienne ; Stockwell Day, ministre de la Sécurité, pasteur de l'Église pentecôtiste ; Vic Toews, ministre de la Justice, mennonite pratiquant. On se croirait rendu aux États-Unis ! Même le Québec emboîte le pas avec ses candidats conservateurs chrétiens de droite et sa candidate islamiste du NPD qui partage les valeurs morales du Parti conservateur.... Oui, ils sont de plus en plus nombreux à marcher sur Ottawa, mais on dirait qu'au Québec, personne ne les voit.

Le féminisme : une hérésie de folles alliées

Le plus grand bouleversement social des dernières décennies est sans contredit celui de l'entrée spectaculaire des femmes sur le marché du travail. Une révolution toute tranquille qui n'a pas fini d'en énerver plusieurs, principalement les curés, les rabbins, les pasteurs et les imams, tous ces hommes s'entourant d'hommes, et pour qui la place de la femme est à la maison. La reine du foyer ! Lisez le récit de la Genèse et vous y verrez que la pauvre Ève ne va pas souvent à l'université. Elle fait plutôt dans la tarte aux pommes et les bébés, sa spécialité...

La femme, en sortant de chez elle, pour aller ailleurs que chez le coiffeur, a détruit la famille. Divorce, adultère, enfants scotchés devant la télé, et plats surgelés. *Sex and drugs and rock'n roll.* Voilà tout le désastre, sans compter les hommes qu'on a peints en rose pour qu'ils fassent la vaisselle, en plus de sortir les poubelles. Ces gens apparemment branchés sur le ciel, vous diront que tout ceci est pire que nos jeunes en Afghanistan, pire qu'un jeune en prison à quatorze ans. Imaginez Ève, en pantalon, enjambant les pages et s'échappant du Livre... Depuis ce temps, Ève court partout dans l'espace public, et c'est, paraît-il, la fin du monde. Depuis environ quarante ans.

Pour contrer la révolution féministe : Dieu

Et Dieu dit à Moïse, avec les yeux sortis de la tête : « *TU NE TUERAS POINT* », sauf en Afghanistan, bien sûr. C'était le cinquième commandement, celui qui allait servir contre l'avortement, à Ottawa, en janvier dernier, alors qu'un rusé député conservateur a présenté un rusé projet de loi (C-484) voulant que le meurtre d'une femme enceinte, soit considéré comme un double meurtre, donnant ainsi une personnalité juridique au fœtus, et visant ultimement à recriminaliser l'avortement. Tous les conservateurs, sauf quatre, ont levé la main jusqu'au plafond de la Chambre des communes, si haut qu'ils pouvaient presque toucher au cul du bon Dieu. Et moi qui n'étais pas à Ottawa, j'ai regardé mes étudiantes dans ma salle de cours. J'y ai vu des filles, qui étudient et qui travaillent, des filles qui ont des rêves et des ambitions, qui veulent une job, un char ET DES ENFANTS, des filles qui font l'amour comme les garçons. Des filles, tout ce qu'il y a de plus normal.

Faut vraiment ne pas avoir de cœur pour vouloir en faire des criminelles. C'est le monde à l'envers avec vous, chers conservateurs. Vous mettez des enfants en prison, vous mettez des filles qui se sont fait avorter en prison, et pour les autres jeunes, qui sont réglo, vous les « *faxez* » en Afghanistan. Et vous osez affirmer haut et fort que les femmes ont détruit la famille !

Évidemment, il n'a pas suffi d'attaquer la liberté sexuelle des femmes, tout comme celle de procréer librement. Encore faut-il qu'Ève retourne dans son paradis terrestre. Pour attendre Caïn et Abel avec des galettes chaudes, lorsqu'ils reviennent de l'école. Voilà pourquoi le gouvernement Harper a renié son engagement de mettre sur pied un programme national de garderies pour n'accorder qu'une allocation mensuelle de 100 $ au parent (devinez qui c'est ?) qui reste à la maison. 25 $ par semaine pour faire des galettes et ne pas détruire la famille. Si ce n'est pas appauvrir les femmes et leurs enfants, alors dites-moi ce que c'est ? Quant à la grande majorité des femmes qui veulent une job, un char ET DES ENFANTS, faudra choisir. Ou la job ou les enfants. Débrouillez-vous ! C'est exactement le genre de politique sociale qui va freiner le taux de fécondité des femmes. Pas très bon pour la famille, M. Harper.

La révolution féministe doit se poursuivre

Les multiples attaques subies par les femmes, lors du premier mandat du gouvernement Harper, doivent nous mettre en garde contre un retour colossal du religieux dans la sphère politique. L'appui au Parti conservateur revient à donner une voix aux groupes religieux de tout le pays. Le jour des élections, il ne faut surtout pas que Dieu bénisse le Canada parce que ce serait catastrophique, en particulier pour les femmes.

Oubliez pour quelques temps votre « *nouveau* » Châtelaine, parce que les prochaines années s'annoncent difficiles et qu'il va falloir se faire entendre, comme nous l'avons déjà fait, et comme le fait présentement la Fédération des femmes du Québec. Pour ne pas que nos filles vivent la vie de nos grands-mères. Puissent-elles aussi avoir leur propre char... Ainsi soit-il !

Septembre 2008

UNE NATION ET SON CRUCIFIX

Avec la décision du maire de Saguenay, Jean Tremblay, d'en appeler du jugement du Tribunal des droits de la personne lui ordonnant de mettre fin à la récitation de la prière lors des assemblées publiques du conseil municipal ainsi que de devoir retirer tout symbole religieux de la salle du conseil, un bras de fer vient de s'engager entre lui et le Mouvement laïque québécois (MLQ).

Mais plus importante encore, sa décision de lancer une campagne de souscription à l'échelle du Québec pour financer cet appel, espérant ainsi y impliquer l'ensemble des Québécois et relancer le débat des accommodements raisonnables, non pas sur le terrain de la laïcité, mais plutôt sur celui de l'identité, un thème que le MLQ a toujours craint comme la peste. Si depuis ce jugement, les canons du MLQ étaient pointés en direction du Parlement, le château fort du crucifix, il leur faudra maintenant attendre avant d'allumer la mèche parce que pour l'instant, c'est tout le Québec qui risque de s'enflammer. Pour, devinez quoi ? Le crucifix du Parlement !

Comment expliquer qu'il soit si difficile de retirer ce symbole religieux de l'enceinte du Parlement ? Et pourquoi diable ce crucifix de Duplessis qui était tombé dans l'oubli revient-il nous hanter ? Comment expliquer que l'on se soit découvert un attachement soudain pour un symbole qui, il n'y a pas si longtemps encore, croupissait dans les boules à mites et laissait tout le monde indifférent ?

La laïcité ouverte selon Bouchard-Taylor

Il faut se rappeler que le retrait du crucifix de l'Assemblée nationale, de même que l'abandon par les conseils municipaux de la récitation de la prière aux assemblées publiques et l'autorisation du kirpan et autres signes religieux pour la plupart des agents de l'État, figuraient parmi les recommandations des commissaires au chapitre de la laïcité. Retirer le crucifix de nos institutions et y permettre le voile, la kippa, la croix, le turban et le kirpan, c'est la laïcité ouverte selon Bouchard-Taylor. Une laïcité multiculturelle qui renferme tous les ingrédients pour transformer celle-ci en une question identitaire explosive. Devoir sortir de chez soi et y laisser entrer les autres. Être chassés de Rome alors que c'est nous les Romains !

« *Quand, dans notre province, nous sommes incapables de faire une prière, je ne vois pas pourquoi on accepterait le kirpan.* » Ce commentaire glané sur le web traduit fort justement un sentiment que partagent bien des Québécois depuis la Commission Bouchard-Taylor. C'est un cri du cœur qui, dans une grande simplicité, exprime le refus de cette laïcité ouverte et l'attachement d'un peuple à sa mémoire et à son identité. Pour l'étouffer, on a qualifié ce sentiment de crispation identitaire, de doute de soi et de peur de l'Autre, de racisme et de xénophobie. La litanie d'injures que les journaux anglophones ne manquent pas de rappeler à chaque fois qu'au Québec, il est question de religion.

Il n'en fallait pas plus pour que notre crucifix prenne du galon et, de religieux quasi-insignifiant qu'il était, il se transforme soudainement en symbole national. C'est d'ailleurs le message que nos députés ont envoyé à tout le Québec le jour même du dépôt du rapport de la Commission Bouchard-Taylor en s'empressant de voter dans la plus grande unanimité pour le maintien du crucifix au Salon bleu de l'Assemblée nationale. Au diable la laïcité ouverte, après tout, nous sommes les Romains ! C'est vous dire comme les Jean Tremblay étaient nombreux dans cette salle.

Depuis Bouchard-Taylor, ce crucifix qui trône au-dessus du siège du président de l'Assemblée a pris de l'enflure pour devenir l'emblème politique d'une nation qui a toujours refusé le multiculturalisme « *canadian* », refusant d'être ravalée au rang d'une quelconque minorité. Bien davantage qu'un symbole religieux, sa sémantique s'inscrit dans le prolongement de Meech, de 1982 et du rapatriement unilatéral de la Constitution en ce qu'elle exprime le refus manifeste d'être considérée comme une minorité culturelle à l'intérieur du Canada et un groupe ethnoculturel majoritaire dans sa province, tel qu'il est écrit dans le rapport Bouchard-Taylor. Parce que, nulle part dans ce rapport, les Québécois ne sont reconnus comme une nation.

C'est ce refus du mépris de soi par tous les Bouchard-Taylor de ce monde qui se cristallise dans ce maudit crucifix auquel aucun parti politique n'ose toucher, à part bien évidemment Québec solidaire, qui défend une laïcité multiculturelle Bouchard-Taylor, conforté par l'appui du grand défenseur des accommodements religieux, notre bien-aimé Julius Grey.

Jean Tremblay :
une création de Bouchard-Taylor

On se trompe en pensant que le problème, c'est le maire de Saguenay, sa personnalité, son entêtement, ses lubies, sa cravate, etc... Le maire de Saguenay, pas si fou qu'on le pense, ne fait que « *surfer* » sur une vague de fond qui agite le Québec depuis plusieurs années. Un vaste mécontentement dû à des jugements imposés par une Cour suprême qui carbure au multiculturalisme et que le rapport Bouchard-Taylor a renforcé par sa défense de la laïcité ouverte. Le véritable problème n'est pas Jean Tremblay, mais bien notre dépendance à l'égard de ces jugements de la Cour suprême, tout comme notre grande naïveté à réclamer l'application du rapport Bouchard-Taylor, un rapport qui met tout en œuvre pour imposer le multireligieux et reconfessionnaliser notre espace civique, convertissant nos institutions en véritables passoires pour les religions.

Que faire de ce crucifix ostentatoire ?

Le crucifix, il faut l'enlever et ne rien mettre d'autre à la place. Pour être cohérent avec les principes laïques qui supposent la séparation du politique et du religieux et la neutralité de l'État. Refuser la laïcité ouverte et compléter la laïcisation que nous avons commencée en interdisant tous les signes religieux. En clair, cela veut dire : pas de croix, pas de kirpan, pas de turban, pas de kippa et pas de voile dans nos institutions publiques.

Défendre une laïcité universaliste, authentique et exigeante, qui accorde à tous les mêmes droits et n'accorde à aucun un quelconque privilège. Aurons-nous ce courage une fois au moins dans notre vie ?

Bien davantage que notre patrimoine et notre passé, ce crucifix, par sa charge politique est devenu notre présent le plus sensible. Ne le laissons pas devenir le symbole d'un refuge, celui d'une nation qui tarde à se mettre au monde...

Février 2011

LE COMMERCE DES PETITES ÂMES

Imaginez, on vient à peine de sortir la religion des écoles publiques et voilà qu'elle réapparaît dans les Centres de la petite enfance (CPE) et les garderies subventionnées. Elle nous revient sans surprise comme les vivaces, mais en plus coriace. Pas moyen de s'en débarrasser. Opiniâtre, elle repousse tout le temps, cherchant la moindre ouverture telle les brins d'herbe dans le ciment. On appelle cela du prosélytisme.

Certaines garderies appartiennent ou sont dirigées par des leaders ou des organismes religieux ultra-orthodoxes, juifs, islamiques ; les catholiques venant en queue de peloton. Il y a tout un marché à conquérir avec une clientèle en sucre d'orge. Le recrutement sacré bat son plein. Qui de Yahvé, de Dieu ou d'Allah lave plus blanc ? Oubliez le père Noël et la fée des Étoiles, les religieux brassent des affaires et blanchissent leur propagande dans les garderies publiques. Au frais des contribuables. On appelle cela de la fraude.

En 2005, le gouvernement du Québec adoptait la loi 95 qui abolissait la dérogation qui accordait aux catholiques et aux protestants des privilèges eu égard aux autres confessions et mettait fin à l'enseignement religieux dans les programmes primaires et secondaires en plus de modifier l'article 41 de la Charte québécoise des droits de la personne qui ne reconnaît dorénavant aux parents le droit d'assurer l'éducation religieuse ou morale de

leurs enfants qu'EN DEHORS DE L'ÉCOLE
PUBLIQUE.

Un État totalitaire, vraiment ?

Cette loi est restée de travers dans la gorge de
bien des parents catholiques qui auraient souhaité
et souhaitent toujours que l'école publique continue
d'offrir à leurs enfants un enseignement religieux
confessionnel financé par l'État. C'est là que le bât
blesse et pas ailleurs. Mais pour mieux camoufler
cette vérité un peu gênante, ils accusent haut et
fort l'État de totalitarisme quasi stalinien. Écou-
tons, dans une déclaration récente à propos des
garderies, Jean Morse-Chevrier, présidente de
l'Association des parents catholiques du Québec :
« *On se croirait dans un état totalitaire puisque nos
représentants élus s'arrogent le droit de décider à la
place des parents du mode d'éducation des enfants.
Le Québec vire de plus en plus vers la répression
religieuse et la discrimination contre les croyants de
toutes religions.* » Comme hypocrisie, on peut difficilement faire mieux.

L'État n'interdit pas les garderies confessionnelles, qui sont d'ailleurs protégées par l'article 41
de la Charte. Il dit simplement qu'il ne paiera pas
pour cela. Le principe est fort simple : l'argent
public est pour le bien public. Collecté chez tous les
citoyens, il doit être destiné à tous les citoyens.
C'est du totalitarisme cela ? Allons donc !

Les croyants ont cette prétention de considérer
comme légitime d'utiliser l'argent public pour financer leurs croyances particulières. Libres à vous,

chers parents, d'organiser vos propres garderies et d'inviter vos curés, rabbins et imams, mais ne demandez pas à l'État totalitaire de payer pour cela ! C'est indécent de votre part et irrespectueux vis-à-vis le bien public. Que dirions-nous si des parents souhaitaient avoir une garderie humaniste athée qui soit financée par l'État ? Non ! Et pourquoi faudrait-il qu'il en soit autrement avec les religions ?

Le totalitarisme des religions

Les croyants sont exemplaires lorsqu'il s'agit de liberté religieuse, mais ils font semblant d'oublier qu'il est une liberté encore plus fondamentale que la liberté religieuse, et c'est la liberté de conscience. Une liberté qui est celle d'avoir ou non une religion, d'en changer ou d'y renoncer. C'est la liberté préalable, celle qui rend possible toutes les autres car, avant de réclamer la liberté religieuse, il faut pouvoir choisir si on veut ou non une religion et, si oui, laquelle ? C'est simple, sans liberté de conscience, pas de liberté religieuse. Alors, dites-moi ce que font les religions dans les garderies avec des enfants encore trop jeunes pour la maternelle ? Même dans le *Faust* de Goethe, le diable a la décence de demander la permission à Faust avant de lui acheter son âme !

Bien sûr, certains anthropologues maquillent cela en transmission de la culture par la religion au même titre que les arts, les sports ou l'économie. Mais la politique fait aussi partie de la culture et pourtant nous n'avons pas d'enfant de trois ans qui soit péquiste ou libéral ! Mais des petits catholiques, juifs et musulmans qui portent encore la couche, cela existe dans nos garderies. Baptisez-les tous ! Circoncisez-les tous ! Pour que Dieu les reconnaisse. On appelle cela du viol.

Les religions, sauf quelques exceptions chez certaines dénominations protestantes, ont toujours bafoué la liberté de conscience, une stratégie trop risquée pour le *marketing* des âmes. Pie IX avait compris cela lorsqu'il promulgua en 1864 par un *Syllabus des erreurs modernes* l'anathème contre la liberté de conscience en ces termes :

« *ANATHÈME À QUI DIRA : Il est libre à chaque homme d'embrasser et de professer la religion qu'il aura réputée vraie d'après les lumières de sa raison.* » Il faudra attendre 1962 pour que Vatican II renonce à ce totalitarisme des consciences.

Et que dire des musulmans, qui se targuent d'un verset du Coran où il est écrit : « *Nulle contrainte en religion* ». Oui, libre à vous d'entrer dans l'islam, mais défense d'en sortir. C'est le même principe qu'un piège à collet pour le lièvre. La sainte tolérance, mais à sens unique. Irréversible ! On protège sa part de marché. Pour preuve, la peine de mort pour apostasie subsiste toujours en Iran et dans les pays du Golfe. Un musulman doit mourir musulman. Avec en prime que l'islam n'accorde aucun droit ni aux athées, ni aux polythéistes et un statut de dhimmi, entendez citoyen de seconde zone, aux juifs et aux chrétiens. Nulle contrainte en religion ? Parlez-en aux coptes d'Égypte et aux chrétiens soudanais.

Les religions continuent sans vergogne à bafouer la liberté de conscience et les croyants n'ont aucune leçon de tolérance à donner aux laïques. Bien au contraire, c'est l'État laïque qui, en n'imposant aucune religion ni athéisme, préserve la liberté de conscience de chacun et garantit par le fait même la liberté religieuse dans la société civile. Qu'un État décrète une religion officielle et tout cela disparaît d'un coup pour faire place à la chasse aux hérétiques, aux mécréants et aux impies. Le djihad et la sainte Inquisition. Qui croyez-vous de l'État laïque ou religieux est totalitaire ? Faut vraiment être de mauvaise foi pour accuser ainsi les laïques.

L'école : le nerf de la guerre

Contrairement à la SAAQ ou à un hôpital, l'école n'est pas une institution qui dispense des services. L'école est une institution organique, stratégique qui forme les futurs citoyens en transmettant les savoirs, mais aussi des valeurs. C'est la raison pour laquelle elle a toujours constitué un enjeu important pour tous les clergés qui rivalisent d'audace pour y collecter les petites âmes. Le marché est là, jeune et naïf. Facile et malléable comme de la pâte à modeler. Une aubaine incroyable pour les croyants, d'autant plus qu'au Québec, les écoles privées confessionnelles sont toujours financées dans une proportion de 60 % à même les fonds publics. Le Québec est même la seule province canadienne à accorder encore de tels privilèges aux croyants. Ce qu'ils taisent bien évidemment, préférant plutôt se présenter en victimes d'un État terriblement totalitaire.

Écartés de l'école en 2005 par la déconfessionnalisation des écoles publiques, les croyants ont depuis ce temps trouvé une ouverture dans les garderies publiques qui sont ni plus ni moins que l'antichambre de l'école publique. Dans un souci de cohérence, les principes qui guident actuellement le gouvernement concernant ces garderies devraient également s'appliquer aux écoles. L'argent public pour le bien public.

Il est donc à espérer que notre État québécois « *totalitaire* » ne se contente pas de supprimer le financement de ces garderies publiques religieuses et qu'il ait le courage de faire de même avec les écoles privées confessionnelles. Qu'on laisse enfin les croyants s'organiser librement, comme bon leur semble, et qu'ils cessent d'insulter effrontément la main laïque qui les nourrit.

Janvier 2011

ÉTHIQUE ET CULTURE RELIGIEUSE (ÉCR) : QUAND ON PRÉFÈRE LES CIERGES AUX LUMIÈRES...

Il y a quelques temps, le philosophe Charles Taylor disait en entrevue sur les ondes de Radio-Canada, à propos des gens outrés par les accommodements raisonnables, que « *si cette génération avait suivi le cours d'*Éthique et de culture religieuse, *la crise des accommodements n'aurait tout simplement pas eu lieu.* » Et voilà ! Le kirpan, le turban, le port du voile, la non-mixité, l'érouv, les vitres givrées, rien que de la grosse richesse de Bien commun. Alors pourquoi houspiller et étaler son inculture comme de la confiture ? Il vous manque un cours, et c'est celui-là ! Vous y apprendriez à respecter l'Autre comme Le Petit Prince. Et que tous ceux qui pensent autrement ne sont que des « *enfermés* » dans leur monde, des épais de « *P'tit Québec* », de grands « *Zérouxville* » qui s'ignorent ! *Éthique et culture religieuse.* Avec un tel titre, on serait tenté de donner à ce cours le Bon Dieu sans confession. Mais il faut savoir que, derrière ce discours apparemment inoffensif, s'en cache un autre plus profond, plus redoutable et combien plus efficace parce qu'il tombe dans les cerveaux en échappant à la critique. Une espèce de message subliminal qui inocule des idées à petite dose, tel un vaccin, pour nourrir l'esprit, le formater, cristalliser certaines pensées pour en verrouiller d'autres, et rendre ainsi les enfants bienveillants, poreux et mielleux à l'égard du religieux. Pas forcément croyants, non, mais ouverts et insignifiants.

Les véritables finalités de ce cours ne sont pas ultimement ce que l'on nous présente dans les cahiers du « *Ministaire* », à savoir « *la reconnaissance de l'autre* » et la « *poursuite du bien commun* ». Parano, la fille ? Oui, un tout petit peu ! Givrons l'esprit, pas juste les vitres ! Allez, « *confiez-moi votre enfant pendant ses sept premières années et je vous donnerai l'homme.* » C'était, à une certaine époque, le slogan des jésuites. Les temps ont changé, me direz-vous, oui, mais pas le cerveau des enfants.

Premier sublime : il existe un autre monde

Le saviez-vous ? Celui-là, il est capital. C'est pour tout dire le plus grand bien commun dont toutes les religions sont porteuses ; l'autre monde, le surajouté, le surnaturel. L'inébranlable certitude que ce monde-ci n'épuise pas tout, que la vie n'est pas que matière et qu'il y a donc « *quelque chose* » de plus. Un dieu, des dieux, des esprits, des forces, qu'importe, pourvu qu'il y ait ce « *quelque chose* » qui déborde, à la manière d'un jupon qui dépasse. Les plus romantiques vous diront que c'est l'infini babillage du monde, quand on se met à l'écouter. Ce « *quelque chose* », je le nomme le premier sublime parce que c'est lui qui fonde la suite et qui va permettre de tout diviser en deux ; l'esprit et la matière, l'âme et le corps, l'homme et l'animal, le savoir et la croyance, le bien et le mal, et le ciel, où le gros œil de Maman, tel un mirador, voit tout, tout, tout ce qui se passe sur notre terre...

Deuxième sublime : vous êtes immortels

C'est bien connu, tout le monde répugne à devoir mourir. La pire affaire ! Consolez-vous, il y a quelque chose qui vit en vous et qui peut très bien continuer sans vous. C'est votre âme. La nébuleuse de la carcasse. La carte maîtresse pour ne pas mourir. Un conseil : ne partez jamais sans elle. Parce qu'avec elle, vous serez mort, mais on vous croira vivant. Les religions ont vite saisi que c'est exactement ce que tout le monde veut entendre.

Troisième sublime : camoufler le mammifère

Je continue. Parce qu'avec elle, vous ne mourrez pas comme votre chien. Parce qu'avec l'âme et un léger supplément de pensée, vous n'aurez pas passé votre vie dans les arbres, à secouer les pommiers. Non, vous serez plutôt allés au cégep et même à l'université pour noter dans votre grand cahier tous les desseins intelligents. Cette rupture d'avec le reste du vivant, que les intelligents appellent l'anthropocentrisme, permet de demeurer votre vie durant le chouchou du bon dieu, de ne pas mourir comme un chien, et d'aller droit dans l'autre monde. Au Paradis ou dans la grande Fournaise.

Quatrième sublime : c'est le médecin qui soigne, mais c'est dieu qui guérit

Au menu de la cafétéria : côtelettes de porc, choux de Bruxelles et pommes de terre en purée. « *Dans notre identité à nous,* dit Mélanie, *ce sont des patates pilées.* » Que croyez-vous qu'il va arriver au petit Rachid ? Qu'il va tomber raide mort pendant que Mélanie suce l'os de sa côtelette ? On comprendrait s'il avait avalé l'os mais...

Et monsieur Levi, si, un bon samedi, il appuyait lui-même sur le bouton de l'ascenseur, au lieu de demander à monsieur Simard d'Outremont, croyez-vous qu'il se désintègrerait ?

Et Mgr Ouellet qui boit du vin durant la messe en nous disant haut et fort que ce n'est pas du vin, mais le sang de Jésus. Depuis quand est-ce que le vin contient de l'hémoglobine ?

D'un point de vue rationnel ou scientifique, c'est de la pure superstition ! Quelqu'un serait seul à faire cela, sans l'alibi de la religion et on lui dirait d'aller consulter... Mais on va dire aux enfants que de respecter cela, c'est reconnaître... l'autre ! Dites-moi, c'est qui le « *smatte* » qui a éteint les Lumières ?

Dernier sublime : le bien et le mal viennent de la religion

Dieu ordonna à Abraham d'immoler son fils Isaac... Et le philosophe Michel Onfray déclare : « *tant que Dieu existe, la morale sera toujours une sous-section de la théologie* ». Dieu ordonna aussi d'immoler Michel Onfray...

Et l'athéisme ?

Durant la « *crise* » des accommodements raisonnables, certains ont trouvé surréaliste de voir sur
un même plateau de télévision Mgr Turcotte flan-
qué d'un rabbin et d'un imam. C'est n'avoir pas
vraiment compris qu'ils ont tous le même fonds de
commerce et que, sous l'apparente diversité des
signifiants, s'immisce l'unicité du signifié ; celui
d'un autre monde.

De toute évidence, les lobbys religieux ont bien
manœuvré en conseillant ce cours d'ÉCR puisqu'il
offre une incroyable tribune à tout ce qui touche les
arrières-mondes et, sous prétexte de culture et
d'ouverture à l'autre, fait subtilement l'apologie du
religieux, récusant ainsi le matérialisme tant honni
que les religions ont toujours vigoureusement combattu. Ce même matérialisme qui aujourd'hui n'est
plus une position philosophique a priori, mais bien
une vision philosophique tirée de la science.

Mais, me direz-vous, on y parle aussi
d'athéisme ? Que non ! Le mot a été biffé et rem-
placé par tout un paragraphe ! Alors que plusieurs
religions et spiritualités seront « *traitées* » tout au
long du cursus scolaire, le « *Paragraphe* » lui, ne
sera « *qu'abordé* ». Des miettes écrasées sous
l'Index. Pour la gloire de Dieu !

Définitivement, ce cours ferme la porte de
l'école aux idéaux des Lumières et sa notion de
progrès. C'est probablement pour mieux ouvrir à
la laïcité...

La solution

Cette France à « *laïcité fermée* » que les concepteurs de ce cours disent rigide et intolérante intègre depuis 1996 dans ses programmes de lycée et de collège l'enseignement du fait religieux dans ses cours d'histoire, de français, de philosophie et de géographie. Une approche critique du fait religieux, contraire à la nôtre qui verse dans l'apologique.

Ainsi, en français, on y présente l'Antiquité dans ses deux grandes dimensions : la Bible comme œuvre littéraire pour l'héritage judéo-chrétien et l'Odyssée d'Homère pour l'héritage gréco-romain. La différence d'avec notre cours d'ÉCR ? Aurait-on idée de présenter l'Odyssée comme modèle pour fonder les valeurs morales ?

Janvier 2009

L'INTERCULTURALISME :
UNE IMPOSTURE ANTI-LAÏQUE

En mars 2011, dans une entrevue au journal *Le Devoir,* Gérard Bouchard affirmait que le débat sur la laïcité piétine, qu'un consensus semble impossible et qu'il conviendrait d'élargir ce débat en parlant d'interculturalisme. Deux mois plus tard, lors du Symposium international sur l'interculturalisme organisé par Gérard Bouchard et son église, ce dernier réclamait du gouvernement une loi sur l'interculturalisme. Coïncidence ou non, les jeunes libéraux, réunis en congrès au mois d'août, réclament pour leur part, une loi pour définir la laïcité ouverte et demande à Jean Charest de créer un Office québécois d'harmonisation interculturelle.

La pilule de la laïcité ouverte ne passant pas dans la population, il faut donc l'enrober d'une gélatine afin qu'elle glisse tout en douceur. Une loi-gélatine sur l'interculturalisme, votée par l'Assemblée nationale, qui servirait à imposer une politique de laïcité ouverte. Parce qu'ici, il ne faut pas s'y tromper, l'ouverture à la culture de l'autre, c'est l'ouverture à sa religion. Et que le respect de la diversité culturelle, c'est le respect de la religion.

Commission Bouchard-Taylor : quand on déguise la religion en culture

Suite aux nombreuses controverses concernant des demandes d'accommodement pour motifs religieux, le gouvernement annonce en, février 2007, la création d'une *Commission de consultation sur les pratiques d'accommodement reliées aux différences culturelles.* Bien que celle-ci fut créée pour examiner des cas concernant des demandes religieuses, le mandat de la dite commission ne fait aucunement allusion à la place de la religion dans l'espace public, orientant plutôt le débat sur la diversité culturelle et l'intégration des immigrants. La stratégie fut payante puisqu'elle empêcha ainsi un véritable débat sur la laïcité et cantonna habilement ses défenseurs dans le camp des xénophobes, des racistes et des islamophobes.

L'un des mandats de la Commission Bouchard-Taylor était de faire le point sur la crise des accommodements raisonnables afin de départager les faits réels d'avec les perceptions déformées. Or, il suffit de jeter un simple coup d'œil à la table des matières du rapport Bouchard-Taylor pour constater qu'au chapitre deux, portant sur *La chronologie d'une crise,* s'étendant de décembre 1985 à avril 2008, 65 cas au total sont répertoriés. Sur ces 65 cas, 64 se rapportent au religieux.

Mais on préfère camoufler la « *chose* » et parler de différences culturelles alors que c'est la religion qui est en cause. De même, dans le document de consultation produit par la Commission, il y a un sondage que l'on proposait aux participants pour tester leur ouverture à l'accommodement. Sur un total de 22 questions, 17 se rapportent à des cas de demandes d'accommodement ou d'ajustement pour des motifs religieux. Où est la culture ? Et où sont les demandes d'accommodement pour motifs culturels ? Paradoxalement, la religion devient soudain l'épicentre de la culture alors que les pluralistes font tout pour nous convaincre de son caractère périphérique. À la page 278 du rapport Bouchard-Taylor, il est écrit : « *Le port de signes religieux à l'école ou à l'hôpital est un phénomène périphérique qui n'affecte en rien l'autonomie des établissements.* » Qui ici déforme la réalité ? Les médias ou les pluralistes ?

Comment expliquer que nos deux sages savants de commissaires, entourés de tous leurs experts-universitaires, occultent constamment cette distinction entre la religion et la culture ? La réponse est toute simple. Dans nos démocraties laïques et sécularisées, les intellectuels pluralistes se servent de la culture de l'autre pour faire passer la religion. En nous prêchant l'ouverture à l'autre, ils favorisent la religion et l'aident à retrouver une légitimité dans l'espace public et civique. Mais ces gens-là vous diront qu'ils ne prient pas. Non, bien sûr, c'est le bon dieu qui prie pour eux...

Soyons intercultura... lisses

Lisses, très lisses pour que la religion glisse partout, à l'école, dans nos garderies, nos hôpitaux, nos cégeps et nos universités. Lisses et accommodants, pour que, sous des dehors de culture, se faufile l'éternelle religion.

Dans le mémoire présenté par le Regroupement des Centres de la Petite Enfance de l'île de Montréal (RCPEÎM) à la Commission Bouchard-Taylor, on fait part de l'adhésion du RCPEÎM à l'interculturalisme. Quant à l'expertise dans la pratique de l'interculturalisme, voici quelques exemples mentionnés : « *Alimentation et adaptation des menus : Les demandes de parents immigrants, reliées au respect de principes religieux, sont traitées au même titre que les allergies alimentaires ou les choix philosophiques de certains autres parents, le végétarisme par exemple. Très souvent, il n'y a pas de porc au menu des CPE. La chose est vue comme un défi pour la responsable de la cuisine et un enrichissement pour les enfants et les adultes qui ont l'occasion de goûter de nouveaux aliments. Chacun peut manger du porc chez lui.* »

Cette pratique de l'interculturalisme est une perle comme il s'en fait peu. Oubliez le bon porc de chez nous et ses producteurs. Mais le plus beau ici, c'est l'enrichissement culturel, grâce à la diversité musulmane, qui va permettre aux enfants et aux adultes non-musulmans de manger du bœuf, du veau et du poulet, parce qu'évidemment, ils ne peuvent en manger chez eux. On interdit le porc, et c'est un enrichissement. Imaginez maintenant si un végétarien exigeait que le porc, le bœuf, le veau et le poulet disparaissent des assiettes... des autres. Ce serait encore plus enrichissant, vous ne trouvez pas ?

Je continue. « *La célébration des fêtes : Les fêtes traditionnelles québécoises sont célébrées, sans connotation religieuse... Pendant une période de jeûne, l'éducatrice qui ne mange pas en même temps que les enfants peut expliquer qu'elle va manger plus tard.* » Bon, c'est de la religion mais il ne faut pas le dire aux enfants, juste le faire...

« *L'expression de l'appartenance religieuse : Certaines éducatrices portant le voile vont expliquer aux enfants que c'est un morceau de vêtement relié à leur pays d'origine, d'autres vont le retirer.* » C'est de la religion et de la politique, mais il ne faut pas le dire. Parlons plutôt culture, rectitude oblige.

Qu'en est-il maintenant des demandes d'accommodements à l'école ? Toujours à la table des matières du rapport Bouchard-Taylor, au chapitre 4 portant sur les pratiques d'harmonisation à l'école, d'après le rapport Fleury (portant sur l'intégration et l'accommodement raisonnable en milieu scolaire et remis à la ministre de l'Éducation en novembre 2007) il est écrit que 16 % de l'ensemble des demandes sont liées à la diversité linguistique, 1,9 % sont liées à la diversité ethnoculturelle et, tenez-vous bien, 78,2 % des demandes sont liées à la diversité religieuse. Si on fait le compte, 17,9 % de demandes pour la culture et 78,2 % pour la religion.

Les dieux sont avec nous et nos experts en pluralisme ne sont pas sans l'ignorer. Bien au contraire, à la page 252 du rapport Bouchard-Taylor, il est écrit : « *D'une manière ou d'une autre, il faudra faire en sorte que, dans le monde scolaire, on évite d'imposer à des élèves des pratiques contraires à leurs croyances, dans les limites de la contrainte excessive.* » Alors, une loi sur l'interculturalisme va servir à quoi, pensez-vous ?

Concernant les cégeps, dans le mémoire présenté à la Commission Bouchard-Taylor par le Service interculturel collégial (SIC), à la rubrique « *Accommodements raisonnables et pratiques d'harmonisation* », l'on constate que toutes les demandes qui sont faites, le sont pour des raisons religieuses. Et il est même précisé que : « *Les demandes ne représentent plus des situations exceptionnelles, mais un phénomène de plus en plus présent, surtout dans les cégeps de la région de Montréal* ».

Malgré le fait que le conseil exécutif du SIC soit principalement formé de sociologues et d'anthropologues, des professeurs dont on s'attendrait à ce qu'ils sachent distinguer la religion de la culture, l'on continue de parler d'ouverture à la diversité ethnoculturelle alors qu'il s'agit de s'ouvrir à la diversité religieuse. Doit-on s'étonner alors, qu'à aucun endroit dans leur mémoire, la laïcité n'est mentionnée, pas même comme valeur québécoise. Comme intercultura... lisse, on peut difficilement faire mieux !

Une éducation à l'interculturalisme pour tout le monde

Le rapport Bouchard-Taylor ne veut pas de loi ou de Charte de la laïcité. Rien d'officiel. Il préconise des ajustements concertés qui emprunteraient la voie citoyenne plutôt que la voie judiciaire. Autrement dit, les demandes d'accommodements doivent se régler sur le terrain, au cas par cas. Mais pour que cela se fasse à la faveur de la religion, il faut mettre en place des stratégies afin d'éduquer la population québécoise qui, contrairement à son élite intellectuelle, semble moins ouverte au pluralisme.

Ainsi, afin de promouvoir la diversité et les mesures d'harmonisation, il est recommandé de responsabiliser les acteurs des milieux institution-nels, mais cela suppose qu'ils aient reçu, au préala-ble, une formation adéquate. « *Des mesures appro-priées devraient donc être prises sous formes de ses-sions spécialisées ou autres, à l'intention du person-nel de toutes les institutions publiques* » (p. 252).

Le rapport recommande qu'il en soit de même avec les gestionnaires et professionnels des médias dont il déplore « *la formation interculturelle insuffi-sante* », ces médias « *dont le pouvoir considérable en fait un puissant levier d'intégration* » (p. 250). Ce qui nous a donné en août dernier, une palpitante série d'articles du genre « *Le ramadan pour les nuls* », publiés dans *Le Devoir,* mettant même à contribution le chef cuisinier Philippe Mollé qui nous vantait le plaisir de jeûner en *gang.* Depuis ce temps, les catholiques attendent sa recette de soupe aux pois, version carême.

Et finalement, une attention toute spéciale devra être accordée à l'école, lieu par excellence de la socialisation, « *en modifiant le programme de formation des futurs enseignants pour y ajouter un apprentissage des questions interculturelles, et organiser des sessions spécialisées à l'intention du personnel en exercice* » (p. 266). Ajouter à cela le programme d'*Éthique et de culture religieuse* (ÉCR) destiné aux jeunes, et d'ici quinze ans, le Québec au grand complet, deviendra ramadanisé et multireligieux.

Cette offensive anti-laïque est sournoise et d'une grande ampleur. Comparé à cela, le retrait du crucifix à l'Assemblée nationale, qui a tant frappé l'imaginaire des gens, lors du dépôt du rapport Bouchard-Taylor, c'est de la petite bière. Superbement orchestrées par les experts en pluralisme, bon nombre de ces mesures sont déjà mises en œuvre. Le personnel est en place, les réseaux d'intellectuels vivant de l'immigration et des questions relatives à la diversité sont constitués, les programmes existent et l'argent est là. Ne manque qu'une loi pour donner à tout cet arsenal des assises politiques et juridiques. Qui a dit que cette Commission n'a servi à rien ?

L'interculturalisme, un cheval de Troie pour la religion

Suite aux propositions des jeunes libéraux, Pauline Marois déclarait récemment qu'il fallait mieux définir l'interculturalisme. La vérité de l'interculturalisme n'est pas dans sa *définition* mais plutôt dans son *usage*. Et pour mieux en saisir les enjeux, nous devons l'envisager à la lumière du rapport Bouchard-Taylor.

L'interculturalisme est un mot « *commode* », d'une redoutable efficacité, avec lequel les pluralistes sont en train de reprogrammer la société québécoise, et qui sert de cheval de Troie à la religion. Ici, ce n'est pas, comme on veut bien nous le faire croire, la culture qui est en cause, mais la laïcité, notre difficile laïcité.

Du Festival du monde arabe à celui des Nuits d'Afrique, les Québécois apprécient la culture des autres. Ce qu'ils redoutent par contre, et à bon droit, c'est l'intrusion du religieux dans la vie sociale, particulièrement celui d'un islam politique et anti-laïque, qui, à la faveur de l'immigration, se fait de plus en plus présent et militant. Elle est là, la vérité toute nue de l'interculturalisme.

Août 2011

L'INTÉGRISME

LE MARKETING DU VOILE ISLAMIQUE

D ans son livre *Que pense Allah de l'Europe ?*, l'Iranienne Chahdortt Djavann demande : « *Pourquoi les nombrils dénudés, les strings, le piercing et pas le voile ?* » Hein ? Après tout, notre ardent défenseur du multiculturalisme, le juriste Julius Grey, n'a-t-il pas déjà dit : « *qu'au Canada, les gens sont libres de s'habiller comme ils le veulent. Quelqu'un peut même s'habiller en clown, si ça lui chante, et circuler sur la rue, sans que cela ne dérange personne.* » Réponse de Djavann : « *Jusqu'à ce jour, aucun régime n'a obligé à coup de Kalachnikov toutes les femmes d'un pays à sortir nombril dénudé en été comme en hiver.* » Alors, si vous choisissez l'Iran comme destination vacances pour cet hiver, et que vous êtes une femme, on vous obligera à vous déguiser en clown, dès votre descente d'avion. C'est pour vous dire comme le voile n'a rien d'une tuque ! Dites, honnêtement, avez-vous déjà vu au Québec, des manifestations pour ou contre le port de la tuque chez les femmes ? Et pourtant, le voile islamique, qu'on impose à des centaines de millions de femmes dans le monde, suscite partout de vives controverses, y compris dans le monde musulman lui-même. Depuis nombre de décennies, ce bout de tissu extraordinairement explosif, enflamme hommes et femmes, qui, ma foi, sur cette question, semblent tout aussi islamophobes qu'un bon nombre de Québécois... Non, croyez-moi, notre tuque identitaire, en pure laine d'habitants que nous sommes, n'est vraiment rien à côté de cela ! Faut croire que l'enjeu politique qui se cache sous ce voile n'a rien à voir avec une paire de bas de nylon.

Voile 101

Depuis l'Antiquité, on a toujours voilé les femmes, mais il n'y a que dans l'islam, où cette pratique perdure encore. Pourquoi ? Pourquoi, par exemple, dans un régime totalitaire comme l'Iran ne peut-il exister de femmes non voilées ? Pourquoi les femmes chrétiennes et juives sont-elles obligées, elles aussi, de se voiler ? Et pourquoi les surveille-t-on, armé de Kalachnikovs ? Pourquoi seules les femmes doivent se voiler ? Et pourquoi voile-on aussi les fillettes de six et de sept ans ? Choix vestimentaire ? Élan de pudeur ? Expression d'une foi profonde ? Foutaises que tout cela. Les intégristes nous prennent pour des valises, des grosses, à part ça.

Que signifie ce fameux voile ? Que cache-t-il et que montre-t-il ? On sait que les religions ne font pas bon ménage avec les sciences, mais elles ont tout de même compris quelque chose à la biologie ; la paternité est toujours douteuse, la maternité, jamais ! Donc, la seule façon pour un homme de s'assurer que son enfant est bien le sien, et non celui de son voisin, c'est de contrôler l'hymen de la femme. En termes politiques, cela s'appelle le patriarcat, où les mâles contrôlent la circulation des ovules. Le plus simple, me direz-vous, serait de les enfermer à double tour avec des *chips,* du *coke* et un jeu de parchési, de la puberté jusqu'à la ménopause, dans un gynécée ou un harem, une espèce de centre pour femmes. Mais cela ferait un peu archaïque sans compter qu'aujourd'hui, il y a l'ONU, le Haut Commissariat aux Droits Humains et ses ONG, qui ont tous l'œil de maman Arbour... Alors, si on ne peut plus les enfermer dans du ciment, enfermons-les, autrement ! Sous la tente ambulante qu'est la burqa ou en version plus décapotable comme le niqab, le tchador ou son plus « *moderne* » cousin, le voile islamique. Rendons-les invisibles, anonymes, et détruisons en elles toute velléité d'avoir une vie à soi. Maintenant, mettez un peu de chair autour des ovules, et cela donne une femme, un « *bien* » familial à contrôler pour garantir la filiation agnatique, parce qu'ici, les enfants n'appartiennent qu'aux mâles, et que la femme musulmane doit d'abord, et surtout, être une génitrice de petits musulmans. Même si elle possède un doctorat.

Et, pour bien s'assurer de cela, voici le programme islamique, *pour femmes seulement* : l'interdiction pour une femme musulmane d'épouser un non-musulman, sauf s'il se convertit à l'islam (ce qui n'est pas forcément bon pour l'intégration, mais enfin...). Une législation (la Charia) qui, en matière de mariage, de divorce, de garde d'enfants, de succession et d'adultère est à l'extrême désavantage des femmes (voir *Les Rapports arabes sur le développement humain* des Nations unies publiés en 2002-2003). Une morale sexuelle patriarcale, exigeant la chasteté pré-maritale, sur laquelle repose l'honneur des hommes et le respect de leur communauté, d'où l'étroite surveillance des jeunes filles, leur isolement, la violence, les crimes d'honneur,

souvent impunis, pour rendre ces femmes invisibles
à tout jamais, comme cette jeune Ontarienne, Aqsa
Parvez, qui, il y a quelques jours, est devenue soudainement invisible, à seize ans. Le mariage pré-
coce et arrangé qui minimise les dangers d'hymens
déchirés, soulage du fardeau de la surveillance et
met à l'abri l'honneur des mâles. Une véritable
aubaine ! L'exigence de fidélité durant le mariage
alors que la polygamie est permise pour les
hommes, et une condamnation plus sévère de l'adultère féminin. Et finalement, l'exigence même de la
non-mixité qui transpose l'espace religieux des mos-
quées dans la sphère publique, afin de limiter les
contacts des femmes avec d'autres hommes. Pas terrible pour rêver de Roméo, et même de Juliette...

Femmes infantilisées, humiliées, placées sous
haute surveillance, subissant à chaque jour le marquage discriminatoire de leur sexe, sur la planète
entière, là où les hommes du clan islamique délimi-
tent leur territoire, justement par ce voile, qui est
leur plus éclatant succès (rien qu'en Égypte, huit
femmes sur dix le portent). Ce voile, qui ne diffère
de la burqa qu'en degré, mais absolument pas en
nature, et qui symbolise l'autorité du père, des
frères, des oncles, ou du mari, à toutes les fois
qu'elles vont au dépanneur ou montent dans un
autobus de l'espace public mixte. Rien à voir avec
nos tuques !

Et, évidemment, pour que la sauce prenne, pour
rendre l'aliénation moins grossière, couler le tout
dans le béton de la Parole révélée, par Dieu lui-
même, en personne. Y a pas meilleure recette que la
religion pour faire de la politique. Vous en doutez ?

Lisez bien ceci : « *Les hommes sont supérieurs aux femmes à cause des qualités par lesquelles Dieu a élevé ceux-là au-dessus de celles-ci, et parce que les hommes emploient leurs biens pour doter les femmes. Les femmes vertueuses sont obéissantes et soumises ; elles conservent soigneusement pendant l'absence de leur mari ce que Dieu a ordonné de conserver intact. Vous réprimanderez celles dont vous aurez à craindre l'inobéissance ; vous les reléguerez dans des lits à part, vous les battrez ; mais aussitôt qu'elles vous obéissent, ne leur cherchez point querelle. Dieu est élevé et grand.* » Le Coran, sourate IV, verset 38. Et une dernière citation pour les femmes voilées ayant un doctorat : « *Voici le Livre ! Il ne renferme aucun doute ; il est une Direction pour ceux qui craignent Dieu.* » S. II, v.2. Relisez maintenant la sourate IV, verset 38.

Alors, quand j'entends une militante politique du Forum musulman canadien dire « *qu'il faut cesser de semer les amalgames en liant le hidjab à la question de l'égalité des hommes et des femmes* » et, dans un même souffle, Michèle Asselin, présidente de la Fédération des femmes du Québec, ajouter « *que le port du voile ne contrevient pas nécessairement au principe de l'égalité homme-femme* » dans *Le Devoir* du 11 décembre. Vraiment là ! C'est à vous écoeurer d'être féministe !

Le port des signes religieux à l'école

Pour que cette égalité homme-femme ne soit pas qu'un vœu pieux, il va falloir que nous soyons moins frileux, plus avisés et plus fermes avec les représentants de l'islam politique parce qu'il serait franchement odieux de brader en douce les droits des femmes pour acheter la paix sociale. En ce sens, je me réjouis et j'appuie la recommandation de la CSN et du Conseil du statut de la femme, faite à la Commission Bouchard-Taylor, exigeant la neutralité religieuse des agents de l'État dans les institutions publiques du gouvernement du Québec, mais je considère que celle-ci demeure insuffisante parce qu'elle laisse intacte l'épineuse question politique du port des signes religieux à l'école.

Nous ne pouvons pas prétendre que l'égalité homme-femme soit une valeur qui nous est chère et, en même temps, abandonner des jeunes filles musulmanes de nos écoles primaires et secondaires publiques qui, parce qu'elles subissent des pressions familiales, doivent porter le voile islamique. Une pareille indifférence à leur sort serait de l'hypocrisie et de l'irresponsabilité de notre part. Quant à l'argument voulant qu'interdire le voile ne fasse que nuire à l'intégration de ces jeunes Québécoises, je réponds que ce sont justement ces jeunes filles musulmanes, qui souhaitent vivre comme nous, qui sont le gage le plus sûr d'une intégration réussie, et que de permettre le port du voile à l'école sera un encouragement à porter le voile au Québec. Et cela va, fort probablement, se passer en français...

Au nom du respect des droits de la personne, au nom du respect des droits des enfants, au nom de la protection des mineures, il faudrait que l'État interdise le port des signes religieux dans les écoles primaires et secondaires publiques du Québec.

Décembre 2007

AU NOM DU PÈRE ET DU FILS...

En juillet dernier, quatre Montréalaises d'origine afghane dont trois soeurs Zainab (19 ans), Sahar (17 ans) et Geeti Shafia (13 ans) ainsi que Roma Amir Mohammed (50 ans) ont été retrouvées mortes dans le canal Rideau à Kingston en Ontario. On a d'abord retenu la thèse de l'accident, puis le père, la mère et le fils de 18 ans ont été arrêtés et accusés de meurtre prémédité et de conspiration. Selon les autorités policières, même si la chose n'a pas été confirmée publiquement, il pourrait s'agir d'un crime d'honneur.

Le prix de la mariée

Bien sûr, il n'est pas rare que des cas de violence conjugale à l'égard des femmes se terminent par un meurtre dont l'auteur est souvent l'ex-conjoint de la victime qui n'accepte tout simplement pas que celle-ci le quitte ou veuille divorcer. Blessés dans leur orgueil de mâle qui va perdre sa « chose » qui lui faisait des tartes depuis 30 ans, ces hommes frustrés tuent leur conjointe et parfois même leurs enfants, mais en agissant seul, sans pouvoir compter sur l'aide ou l'approbation de leur famille. Ce qui n'est pas le cas pour les crimes d'honneur dont la spécificité est d'impliquer les proches de la victime comme complices du meurtrier par leur participation, leur accord tacite et leur silence hypocrite.

Ainsi, chaque année, des milliers de femmes, 5000 selon les chiffres de l'ONU, sont victimes de crimes d'honneur dans le monde. Des meurtres souvent maquillés en accidents ou en suicides et dont la famille se fait complice. Des crimes souvent impunis perpétrés par le père, le fils, le mari, le beau-frère, l'oncle ou le cousin du beau-frère de l'oncle sur une femme dont le comportement sexuel salit et déshonore la famille. C'est dire que, de la puberté jusqu'à la ménopause, les ovules de Poupoule demeurent sous haute surveillance. Une tâche titanesque qui a occupé les hommes tout au long de l'Histoire. Plus que la guerre, la bière ou le foot, les ovules de Poupoule font toujours courir les foules.

Femmes infidèles ou tout simplement soupçonnées de l'être, coupables de s'être « *laissées violer* », d'avoir eu des relations sexuelles avant son permis de conduire, d'être filles-mères, d'avoir refusé un mariage arrangé avec le plus vieux des cousins du beau-frère de son oncle, de vouloir divorcer, d'avoir flirté avec un garçon, de lui avoir téléphoné, d'avoir mangé une poutine avec lui, de l'avoir séduit, lui, l'étranger boutonneux derrière son 7Up, devant tout le monde, en plein resto de *La Belle Province*. Décidément, la Juliette, elle en a dedans pour vouloir vivre comme les Québécoises !

La faute ? Vouloir être libre et vivre à l'occidentale. La punition ? Une exécution extrajudiciaire commise par les hommes du clan à qui appartient le corps, la sexualité et la virginité des femmes qui incarnent la pureté ou la souillure de leur famille. Ces femmes considérées comme de vulgaires marchandises que les hommes contrôlent et s'échangent entre eux, pour asseoir leur pouvoir, assurer leur lignée, exhiber leurs richesses, montrer des dents comme les gorilles et imposer le respect auprès des autres gorilles du quartier.

Femmes-objets dont le droit à la vie est intimement lié au respect des traditions plutôt qu'à la Déclaration des Droits de l'Homme, et dont la transgression signe inexorablement leur arrêt de mort. Une mort annoncée dans le regard endurci de l'entourage, une mise à mort rituelle dans la froide approbation générale. Une sorte de lapidation en règle. Seule contre tous. Sans même pouvoir s'accrocher aux jupes de sa mère qui obéit au mari, pas plus qu'à la DPJ qui se défend d'avoir les mêmes formulaires pour tout le monde. Pas de racisme, évidemment ! Mais toujours seule comme sur un parking de centre commercial à 9h10, le vendredi soir. Une honte publique qui appelle une réparation publique. Voilà pourquoi les hommes de la tribu s'en débarrassent comme on jette à la poubelle une viande faisandée.

Le voyage de noces

Partout, à travers le monde, en Inde, au Brésil, au Pérou, en Israël, mais surtout dans la grande majorité des pays musulmans, qui sont les premiers concernés par ces pratiques odieuses et rétrogrades (Maroc, Turquie, Égypte, Palestine, Liban, Syrie, Jordanie, Yémen, Irak, Afghanistan, Pakistan, Bangladesh, Iran, Soudan, Nigeria) ou dans les communautés musulmanes immigrées d'Europe (Royaume-Uni, Suède, Norvège,

Danemark) ou d'Amérique (États-Unis, Canada) encore aujourd'hui, pour l'honneur des mâles, les femmes paient de leur vie. Dans le plus strict respect des traditions, de la culture et de la religion et ce, au mépris de maintes Conventions.

En novembre 2000, l'Assemblée générale des Nations Unies a adopté une résolution sur « *des mesures à prendre en vue de prévenir et d'éliminer les crimes d'honneur contre les femmes en recourant à des mesures législatives, éducatives et sociales* ». La résolution fut votée par 120 pays, alors que 25 autres pays se sont abstenus, pour la plupart musulmans. Ce qui n'étonne nullement puisque la majorité des crimes d'honneur se produisent dans ces pays.

La danse de la mariée

Comment expliquer cela ? L'islam est demeuré collectiviste dans sa mentalité comme au temps de Mahomet. C'est dire que la communauté prime sur l'individu, que l'on favorise le groupe et que la liberté individuelle, si chère à nos sociétés démocratiques, apparaît comme la pire des pestes. Et encore plus détestable et menaçante, la libération des femmes qu'a connu l'Occident, particulièrement la libération de leur corps qui les a libérées de la maternité obligée, libérées de la famille et leur a permis du même coup d'autres libérations, qu'elles soient sexuelle, intellectuelle, économique ou politique. « *Qui libère la femme, libère tout le reste* », nous dit Malek Chebel. La formule est belle et terriblement vraie !

Voilà pourquoi le féminisme et la libération des femmes constituent pour l'islam le pire des dangers, le mal absolu, l'hérésie suprême qui ferait s'écrouler toutes les hiérarchies puisqu'elle est l'expression la plus forte et la plus criante de la liberté individuelle, ruinant du même coup l'autorité et les prérogatives des hommes sur les femmes, telles que proclamées dans le Coran.

Voilà aussi pourquoi les ovules de Poupoule sont la propriété du clan et doivent être étroitement surveillées par tous les hommes du clan. Parce que la femme est essentiellement une fabrique de musulmans, la matrice de toute la communauté et que son « *lieu naturel* » demeure le foyer. Ici, on naît femme, n'en déplaise à de Beauvoir et à toutes les autres folles. C'est pourquoi, lorsqu'elle sort du foyer pour aller à l'Université ou faire des courses sur la rue Bélanger, elle doit cacher son corps et se déguiser en « *Femme invisible* » pour se dérober au regard des autres hommes parce qu'elle n'est pas libre de son corps, pas plus que de son désir sexuel et amoureux. En revanche, ces femmes pourront toujours être libres d'étudier et de travailler, et nous le répéter à satiété, mais jamais on ne leur accordera la liberté sexuelle dont jouissent les femmes occidentales. Et dites-vous bien que celles qui s'y risquent le font parfois au péril de leur vie.

Mourir à tue-tête

Les meurtres de Kingston ne sont pas les premiers crimes d'honneur à se produire au Canada.

Rappelons-nous, en décembre 2007, le cas de la jeune Ontarienne Aqsa Parvez assassinée par son père parce qu'elle refusait de porter le voile. Mais, au Québec, la frilosité des médias et le silence embarrassé de la gauche et des groupes de femmes, lorsqu'il s'agit de dénoncer ces crimes d'honneur, ont pour effet d'étouffer le scandale et de donner un appui aux assassins plutôt qu'aux victimes.

On ne peut pas, sous couvert de lutter contre la mondialisation ou le racisme, encourager par notre silence, ces pratiques ignobles à l'égard des femmes et des jeunes filles, et abandonner à leur sort toutes celles qui aspirent à l'autonomie et souhaitent vivre comme nous.

Il faut, bien au contraire, donner à ces pratiques le plus de visibilité possible, parce que la loi seule ne suffit pas pour changer les mentalités, apporter un soutien et protéger ces femmes. Et s'il s'agissait de NOS FILLES, ne serions-nous pas plus nombreuses à CRIER ?...

Août 2009

L'INTÉGRISME RELIGIEUX MENACE-T-IL NOS DROITS ?

Allocution présentée lors du Colloque
Égalité et Laïcité, quelles perspectives ?
Montréal et Québec, les 19 et 20 mai 2010.

Que le cardinal Marc Ouellet soit contre l'avortement, c'est son droit le plus absolu, mais qu'il parte en croisade pour recriminaliser celui-ci et imposer les valeurs de son Église aux femmes devrait nous inquiéter au plus haut point. Que l'islamiste Tariq Ramadan préfère la charia au droit civil n'a rien de bien étonnant, mais qu'il vienne à Montréal pour inviter les musulmans à ne pas respecter les lois du pays lorsqu'elles contredisent leur religion, cela devrait nous inquiéter au plus haut point.

On reconnaît l'intégrisme religieux à sa capacité d'instrumentaliser la religion pour se rapprocher du politique et imposer ses valeurs à l'ensemble de la société, afin que les lois divines aient préséance sur les lois des hommes. On le présente habituellement comme un courant politique radical, minoritaire et marginal se développant à la périphérie de toute religion. Comme si l'intégrisme religieux était l'excroissance malsaine d'une religion, un élément fortuit et déplorable. Une espèce de tumeur dont la religion pourrait se débarrasser.

Une telle vision des choses permet de croire que la religion est bonne et que seul l'intégrisme religieux est mauvais. Qu'il faut donc respecter les religions, mais combattre de toutes nos forces l'intégrisme. Cette distinction est d'ailleurs reprise dans la posture laïque qui éloigne la religion du politique, mais la tolère dans la sphère privée en espérant qu'elle y demeure, bien occupée à soigner les âmes.

C'est bien mal connaître les religions que de penser qu'elles se contenteront de la prière et croire qu'elles sont aussi inoffensives que les moutons. Les religions ont toujours eu des visées théocratiques et totalitaires et elles ont toujours combattu la démocratie, l'universalisme des droits de l'homme, la liberté de conscience et l'égalité des sexes. C'est d'ailleurs en combattant les religions que ces valeurs ont pu devenir notre héritage le plus précieux.

L'intégrisme religieux n'est pas la banlieue d'une religion, il en est plutôt son centre-ville. Il prend sa source dans le Talmud, la Bible et le Coran, ces écrits que les religions propagent sur la planète depuis des millénaires et dans lesquels on affirme l'inégalité entre le croyant et les infidèles que l'on exhorte à tuer, l'inégalité entre les hommes et les femmes que le récit de la Genèse condamne à l'esclavage et à la soumission dès le début du monde, de même que la condamnation des homosexuels.

Ces textes considérés comme sacrés sont les assises des pires discriminations et ils sont une atteinte directe aux droits les plus fondamentaux. Ils sont le cœur et le ferment de tout intégrisme, en plus de formater l'esprit des croyants à devenir une proie facile pour ces militants politiques.

Lorsqu'à ses conférences Tariq Ramadan fait prier toute une salle, il faut comprendre que c'est le même Coran que tout le monde récite. Et ce n'est certes pas Flaubert ou Bug's Bunny qui ont inspiré la Conférence des évêques catholiques du Canada lorsqu'ils se sont opposés au mariage gai, mais bien le Lévitique de la Bible. Ceux qui ont fait sauter les tours jumelles à New-York n'ont fait qu'agir selon les prescriptions du Coran et ceux qui aux États-Unis assassinent des médecins pratiquant l'avortement trouvent leur justification dans le « *Tu ne tueras point !* » de la Bible. Pourrait-on imaginer un intégriste sans Bible ou sans Coran ? J'en doute fort.

Dans le fond, la question que l'on devrait se poser, c'est : « *Comment les croyants font-ils pour s'accommoder de ces textes si haineux et si misogynes et ne pas devenir eux-mêmes des intégristes ?* » Ceci demeure, il faut l'avouer, un bien grand mystère...

On aura beau interpréter ou contextualiser autant que l'on voudra, la Bible et le Coran justifient la domination patriarcale et défendent un point de vue qui n'est pas compatible avec l'égalité des sexes. Et quand l'Église devient l'État, la liberté disparaît. La liberté des femmes d'abord, qu'on renvoie à la maison en contrôlant leur corps et leur sexualité comme le souhaitent les conservateurs chrétiens. Chez les musulmans, en les voulant vierges et excisées pour ensuite les faire disparaître sous le niqab ou la burqa, soumises à la loi du père, puis du mari.

Quand l'Église devient l'État, la liberté sexuelle est niée. La chasteté et la virginité des femmes sont glorifiées. Et dans certains pays musulmans, les femmes adultères sont fouettées ou lapidées alors qu'on emprisonne et qu'on pend les homosexuels.

Quand l'Église devient l'État, la liberté de conscience disparaît, l'apostasie est interdite et la liberté d'expression est réprimée par l'interdit du blasphème. Ces pratiques perdurent encore dans l'islam et même en Irlande où l'on vient de restaurer une loi sur le blasphème.

Quand l'Église devient l'État, les guerres de religions deviennent l'expression familière du vivre-ensemble, la liberté d'expression est muselée et les fatwas des imams condamnent à mort des écrivains, des artistes et des intellectuels, la démocratie disparaît et les lois divines servent de fondement à la justice des hommes. Les intégristes religieux s'emparent du pouvoir, la population est prise en otage et les droits humains sont bafoués.

Voilà autant d'atteintes à la liberté chaque fois qu'une religion se rapproche du politique parce qu'elles détestent la vie et que la liberté les effraie.

Lorsqu'au XVIIᵉ siècle, John Locke propose dans sa *Lettre sur la tolérance* de séparer le religieux du politique, c'est parce qu'il avait compris à quel point toute religion porte en elle le germe de l'intolérance et de l'intégrisme, et que la fusion de ces deux univers produit un mélange explosif.

En séparant le religieux du politique pour le confiner à la sphère privée, la laïcité demeure encore la meilleure stratégie pour contrer l'intégrisme et préserver la sécularisation de nos socié-

tés. Mais il faut aussi reconnaître que cette stratégie a une bien grande faiblesse qui est de laisser
intacte la religion et la propagation de ses textes
qui alimentent et fécondent l'intégrisme, et ne sont
rien de moins que des bombes à retardement.

Par sa tolérance exemplaire, qu'aucune religion
ne peut égaler, la laïcité nous a habitués à respecter
toutes les religions en leur donnant la bénédiction
sans confession. Avec pour conséquence que nous
avons baissé la garde vis-à-vis celles-ci. Autant dire
que la laïcité garde bien au chaud le loup dans la
bergerie. C'est pourquoi nous devons nous attendre
à ce qu'elle subisse sans cesse les assauts des religions. Bien sûr avec des périodes d'accalmie, mais
aussi avec des périodes plus troubles comme celles
que nous vivons depuis quelque temps.

Je suis fermement convaincue que nous devons
continuer à mener le combat laïque, mais il faut
rompre avec une vision statique de la laïcité qui
pourrait nous laisser croire que nous en aurons
bientôt fini avec le religieux dans l'espace public.
Qu'une charte, oh! combien nécessaire! suffira
pour que l'on puisse enfin dormir tranquille. Rien
n'est moins sûr. Il y aura toujours des tensions
entre le politique et le religieux. Et j'ai bien peur
qu'il faille plusieurs autres colloques comme celui-
ci. On les fera, c'est tout.

Il faut également rompre avec une vision de la
laïcité qui laisse croire qu'il suffit de combattre l'intégrisme pour que nos droits soient protégés. Cela
est nécessaire et c'est même la première chose à
faire, mais cela ne suffira pas. Il faudrait aussi s'at-
teler à une tâche éducative et mieux faire connaître

ces textes fondateurs qui conditionnent la vie de milliers d'individus, les faire connaître à nos jeunes surtout, qui n'ont pas vécu l'emprise sociale du religieux, pas plus que les grandes batailles féministes, pour qu'ils comprennent ce qu'ils recèlent de dangereux et combien ils servent tous les intégrismes. Qu'ils abordent ces textes non pas à travers des incantations, des rites et leur folklore, comme dans l'actuel cours d'*Éthique et de culture religieuse*, mais avec un solide esprit critique afin qu'ils soient moins vulnérables au discours tout en sucre des super croyants, moins vulnérables aux demandes d'accommodement.

Il faut également, dans notre esprit, séculariser, désacraliser ces livres qui ne sont pas tombés du ciel et les considérer pour ce qu'ils sont, soit un pan de notre littérature antique en même temps qu'une prodigieuse machine idéologique à dénigrer le sexe et à opprimer les femmes. Il faut contrer l'intégrisme, le disqualifier de nos institutions publiques, notamment par l'adoption d'une charte, mais aussi réapprendre à se méfier de toutes les religions. Parce que les religions ne disparaîtront pas demain, ni après demain, pour la simple et bonne raison qu'elles nous disent que nous ne mourrons pas et que c'est bien évidemment ce que chacun de nous veut entendre. Et qu'il existe un autre monde avec des vierges pour ces messieurs et où l'alcool coule à flots. De la *Molson Dry* au paradis ! Voilà une recette qui fait des miracles. N'y manque que les chars ! Tout le reste n'est que politique.

Au début du XXe siècle, 50 % des habitants de la planète étaient catholiques, protestants, musulmans ou hindous. Au début du XXIe siècle, ce pourcentage atteint 64 % et il pourrait approcher les 70 % d'ici 15 ans. Ces chiffres sont effarants et montrent que l'histoire ne va pas en ligne droite avec le progrès devant et l'obscurantisme derrière.

Au Québec, comme dans toutes les autres démocraties, la laïcité, la liberté et l'égalité sont aujourd'hui menacées par cette montée de la ferveur religieuse, une ferveur réactionnaire et antiféministe qui se raidit et se radicalise au point où, si nous ne réagissons pas maintenant, Dieu pourrait bien gagner la partie.

Rien que cela devrait nous convaincre de l'urgente nécessité à défendre la laïcité. En 2005, le Québec a franchi un pas de plus en complétant la déconfessionnalisation de son système scolaire. Nous devons maintenant aller de l'avant et poursuivre ce travail. D'où la nécessité de se donner une Charte de la laïcité, que l'on attend toujours du gouvernement Charest, de celle aussi d'interdire le port du niqab ou de la burqa non pas seulement dans nos institutions et services publics comme le propose l'actuel projet de loi 94, mais de l'interdire partout au Québec.

Comme le disait la très regrettée Hélène Pedneault, il nous faut retrouver notre capacité de s'indigner, celle aussi de se solidariser et d'unir à nouveau toutes les féministes du Québec, femmes et hommes épris de liberté, pour s'opposer massivement à la croisade des islamistes, tout comme à celle d'un monseigneur Ouellet, qui défendent les mêmes valeurs rétrogrades, et qui trouvent des échos jusqu'au Parlement.

Parce qu'il faut envoyer un message clair à tous ces intégristes qui s'attaquent aux femmes et menacent nos droits. Et même si cette gentille laïcité flatte et chouchoute le loup dans la bergerie, il ne faut surtout pas s'endormir, ne serait-ce que pour voir venir la bête... Tout cela prendra le temps qu'il faudra, mille ans s'il le faut ! Mais soyez assurés, que nous allons nous battre !

POLÉMIQUES

LE MANIFESTE DES PLURALISTES :
UN MANIFESTE RACISTE
ET ANTIFÉMINISTE

Commençons par une question. Les professeurs ont l'habitude des questions. Comment expliquer que les signataires de ce manifeste* soient si ouverts aux religions des minorités, alors que la très grande majorité d'entre eux n'aurait jamais signé ce manifeste s'il avait eu pour but de défendre la soutane, le Pape et les cornettes de nos bonnes sœurs ? J'estime qu'ils ont la diversité pas mal sélective et que cela manque d'un brin d'ouverture. Vous ne trouvez pas ?

Après tout, pourquoi dire oui aux imams et aux rabbins et bouder notre bon cardinal Ouellet ? Les religions ne cherchent-elles pas toutes à soumettre les corps et les esprits ? Et ne sont-elles pas toutes sexistes et homophobes ? Vous vous imaginez quoi en défendant la religion des autres ? Que vous défendez l'envers de la nôtre, l'envers du catholicisme ? Que vous avez souscrit pour la contraception, l'avortement, la liberté sexuelle et le mariage gai ? Et que nous devrions avoir tous ces symboles

---

* *Le Manifeste pour un Québec pluraliste* a été publié dans *Le Devoir,* du 3 février 2010. Il était, entre autres, signé par Pierre Bosset, Georges Leroux, Jocelyn Maclure, Micheline Milot et Daniel Weinstock – Les auteurs sont tous professeurs (sciences juridiques, philosophie ou sociologie) à l'UQAM, à l'Université de Montréal ou à l'Université Laval et ils étaient tous membres du comité-conseil de la commission Bouchard-Taylor.

à cœur de jour sous les yeux dans nos écoles, nos ministères et nos hôpitaux ? Non, mais il doit bien pourtant y en avoir, quelques éclairés, parmi vous ? C'est effarant. Au nombre que vous êtes, on a l'impression que vous avez pétitionné pour la survie des bélugas au Saguenay.

Ce *manifeste pour un Québec pluraliste* est tout sauf une défense de la diversité parce qu'il n'a pas été écrit pour défendre la croix, la kippa, le turban ou le kirpan pas plus que pour défendre les Vietnamiens, les Haïtiens, les Mexicains et les Italiens. Il a été écrit pour défendre le voile, point à la ligne. Ce manifeste n'est rien d'autre qu'une défense du voile islamique. C'est simple, pas de voile, pas de manifeste, ni de laïcité ouverte !

Bien sûr, on fait comme si on défendait tous les autres signes religieux pour noyer les poissons que nous sommes, mais ces intellectuels savent pertinemment que l'offensive vient du voile et que l'on n'a rien à craindre des cornettes de nos bonnes sœurs depuis Vatican II. C'est somme toute, une question de conjoncture politique reliée à la montée actuelle de l'islamisme partout dans le monde. Voilà d'ailleurs pourquoi le seul signe religieux ostentatoire à être débarqué en groupe à l'assemblée de la Fédération des femmes du Québec en mai dernier a été le voile, le voile et encore le voile.

L'impensé du voile

La perspective laïque a le vilain défaut de mettre le voile sur le même pied que tous les autres signes religieux, nous empêchant ainsi d'aborder de front son caractère éminemment sexiste qui n'a pas son équivalent dans les autres signes religieux. C'est la raison pour laquelle il ne faut pas réduire le voile exclusivement à sa dimension religieuse parce qu'en plus d'être l'étendard le plus éclatant de l'islam politique, il est révélateur d'une incroyable violence à l'égard des femmes. Celle d'un marquage humiliant et discriminatoire en fonction de leur sexe symbolisant leur infériorité juridique, politique et sociale, de même qu'une soumission au mari à qui revient d'office l'autorité parentale. Doctorat ou pas ! Et que des femmes le portent par choix ou non ne change en rien son extraordinaire charge symbolique.

Le voile comme prolongement du harem

Depuis toujours, le patriarcat s'est fondé sur la domination du corps des femmes et un contrôle sévère de leur sexualité. Ainsi, le voile n'est pas un signe de pudeur qui viendrait contrebalancer l'hypersexualisation des filles, mais bien le symbole d'un ordre sexuel patriarcal dans lequel les femmes ne disposent pas de leur corps, pas plus que de leur sexualité. Il faut savoir qu'une femme musulmane ne peut épouser un non-musulman, ce qui n'est pas le cas des hommes musulmans. En clair, cela signifie que le corps des femmes est réduit à la procréation, qu'il appartient à la communauté des hommes musulmans et qu'il est leur propriété. C'est la raison pour laquelle le voile qui soustrait le corps des femmes au regard des étrangers est imposé aux

femmes et aux fillettes que l'on réserve pour le
harem musulman, où la polygamie est permise pour
l'homme et la lapidation réservée à l'adultère féminin. Le culte de la virginité, la réfection d'hymens,
les mariages arrangés par les hommes et les crimes
d'honneur ne sont ici que les multiples facettes de
l'instrumentalisation du corps des femmes et de
leur incapacité à disposer d'elles-mêmes. Le voile
islamique a pour principale fonction d'instaurer une
ségrégation sexuelle à l'extérieur du foyer familial
et d'assurer ainsi l'enfermement des femmes musulmanes à l'intérieur de leur communauté. Ce refus
de la mixité dans l'espace public, que l'on interprète
à tort comme une exigence religieuse, n'est que le
reflet d'une violence barbare que les islamistes
exercent sur le corps des femmes.

Un manifeste antiféministe

Il est pour le moins étonnant qu'autant d'intellectuels feignent l'ignorance quant au sexisme du
voile. Ce refus délibéré de le penser dénote un
incroyable manque de sensibilité au féminisme qui,
depuis toujours, clame que pour émanciper les
femmes, il faut avant tout libérer leur corps.
Libérer ainsi leur corps des maternités obligées,
mais aussi libérer leur désir affectif et sexuel pour
qu'elles cessent d'être ces « biens » que les hommes
s'échangent entre eux. Parce qu'une femme, voyez-
vous, n'est pas une poule que l'on peut offrir à son
cousin !

Ce refus obstiné de considérer le sexisme du
voile révèle également une surprenante amnésie

quant aux luttes et aux victoires féministes qui ont jalonné l'histoire du Québec depuis la Révolution tranquille, pourfendant nos traditions et notre religion, animées qu'elles étaient par une ardente soif de liberté et d'égalité. Qu'êtes-vous donc devenus, très chers professeurs ? Comment pouvez-vous aujourd'hui ignorer cela en abandonnant ces femmes musulmanes à leurs traditions et prétendre être en phase avec l'histoire du Québec ? Comment pouvez-vous ignorer votre propre histoire et reprocher en même temps à cette majorité francophone de vouloir la préserver ?

Le racisme des bien-pensants

Ce respect et cette reconnaissance de la différence dont vous vous enorgueillissez tant constitue un grave revers au féminisme et à l'universalisme des droits des femmes de même qu'un ignoble affront à toutes ces femmes musulmanes d'ici et d'ailleurs sur qui vous faites porter tout le poids de traditions sexistes. L'exotisme oriental des mille et une nuits, si séduisant soit-il, ne devrait pas vous faire oublier que le voile islamique n'est en rien comparable à un plat de couscous. D'ailleurs, les femmes iraniennes comprennent très bien cela. Votre supposée ouverture traduit un refus de considérer l'autre comme votre semblable, un refus d'exiger pour l'autre les droits que vous exigez pour vous-mêmes. Parce que, dans le fond, tant que ce voile ne sera imposé qu'aux femmes et qu'aux filles musulmanes, tous ces signataires demeureront très ouverts. Et que cela s'estompe dans une bien

triste indifférence, pourvu que l'on puisse continuer
à prendre l'apéro en paix !

Pour une charte de la laïcité

Dans le but de préserver la neutralité de nos institutions et services publics, le collectif CCIEL propose une charte de la laïcité dans laquelle le port de
signes religieux serait interdit pour les employés de
l'État. Nous proposons également que l'État interdise aux élèves des écoles publiques primaires et
secondaires tout port de signes religieux ostentatoires afin de protéger les jeunes filles musulmanes
de la stigmatisation de leur sexe, parce que rien ne
les prédestine plus que les autres jeunes
Québécoises à devoir cacher, dès leur enfance, leurs
bras, leurs jambes et leurs cheveux. Parce qu'après
tout, on ne naît pas femme musulmane.

Février 2010

QUÉBEC SOLIDAIRE ET LA FÉDÉRATION DES FEMMES DU QUÉBEC NOUS SERVENT TOUJOURS LA MÊME POUTINE

Cela aura pris dix jours depuis la révélation par le CCIEL dans les médias des accommodements religieux à la Société de l'assurance automobile du Québec (SAAQ) avant que Françoise David, de Québec solidaire, et Alexa Conradi, de la Fédération des femmes du Québec réagissent publiquement à toute cette histoire. Il devait y avoir des membres qui commençaient à grimper dans les rideaux !

Dix jours à laisser les autres, politiciens du Parti Québécois et de l'ADQ, journalistes, intellectuels, syndicats, sans oublier Christiane Pelchat du Conseil du Statut de la femme, et la population en général, monter aux barricades pour dénoncer le sexisme de ces accommodements, s'opposer à la préséance du religieux dans nos institutions publiques et demander au gouvernement du Québec une Charte de la laïcité. Et voilà que, dix jours plus tard, dans les Maritimes, Françoise David prend finalement la parole pour nous dire... que l'on s'énerve ! Que le Québec entier s'énerve et que cela l'énerve ! Du ritalin pour tout le monde et calmons-nous le pompon ! Bravo pour l'audace, chère madame ! On a presque envie de féliciter Jean Charest...

Dix jours avant de réagir, à part, bien sûr, une formidable intervention en Chambre du député de Mercier, le 7 octobre dernier, qui, au plus chaud des débats sur la laïcité, alors que le Parti Québécois et l'ADQ faisaient flèches de tout bois, Amir Khadir a utilisé « *sa question* » pour dire : « *Alors, quand on parle de laïcité sans y définir un contenu, ça se rapproche plus de n'importe quoi que lorsque le premier ministre accuse l'opposition, qui pose des questions légitimes. Alors, pour ne pas être accusé de dire n'importe quoi, Le Soleil, aujourd'hui même... Pierre Couture... parle des " mauvais calculs d'Hydro-Québec "* ». Et c'est ainsi que la question remplie de vent a fait tourner le débat. Et que l'on est reparti mon kiki à parler des mégabarrages... d'Hydro-Québec !

Et s'il y avait d'autres mégabarrages que ceux d'Hydro-Québec ? Comme celui de Québec solidaire et de la Fédération des femmes du Québec qui, à chaque fois que l'on parle du voile, nous parle de la croix. Et leur plus gigantesque mégabarrage qu'est celui de toujours brouiller les cartes, à chaque fois que l'on parle de laïcité, en nous rabâchant les oreilles avec l'accès à l'égalité dans l'emploi des immigrants. Dites, c'est quoi le rapport ?

Qu'on me comprenne bien, l'accès à l'égalité dans l'emploi des immigrants est un dossier important et le gouvernement doit faire davantage pour faciliter l'insertion des immigrants et reconnaître leurs diplômes et leurs compétences, MAIS CELA N'A RIEN À VOIR AVEC LA LAÏCITÉ !

Rien à voir avec la place que l'on doit accorder ou non à la religion dans nos institutions publiques.

Les demandes d'accommodements sexistes à la SAAQ l'ont été pour des motifs religieux. Rien à voir avec l'emploi des immigrants. Le refus de la mixité concerne les religions qui ont toujours fait de la femme un être inférieur à l'homme et une source constante de plaisir et de péché. C'est pour cela que TOUTES les religions ont toujours obligé les femmes à cacher leur corps et à se couvrir la tête en guise de soumission à l'homme. Rien à voir avec les immigrants ! Changez de cassette et arrêtez de prendre les Québécois pour des idiots !

L'interdiction du port de signes religieux ostentatoires dans nos institutions publiques est une question politique qui concerne la laïcité et la neutralité de l'État. Rien à voir avec l'embauche des immigrants. Alors, pourquoi Québec solidaire et la Fédération des femmes du Québec entretiennent-ils une telle confusion, si ce n'est pour nous culpabiliser et nous faire taire en suggérant, avec un brin de mépris, qu'il se cache derrière cet « *énervement du Québec entier* » un racisme voilé ?

Les Québécois, et je précise, tous les Québécois, ne veulent pas d'accommodements religieux qui remettent en question le statut des femmes. Point ! Et ce qu'ils refusent, ce ne sont pas les immigrants, mais l'intégrisme religieux que vous n'avez jamais le courage de nommer. Ceci n'a vraiment rien à voir avec l'accès au travail des immigrants, pas plus qu'avec le racisme. Mais, alors que cela semble clair pour la grande majorité des Québécois, comment expliquer que Françoise David et Alexa Conradi font semblant de ne pas comprendre et nous parlent des pommes quand on leur parle des oranges ? Quel intérêt ont-elles à brouiller ainsi les cartes et entretenir sciemment une pareille confusion ? L'éducation du bon peuple ? Sûrement pas. Remarquez, dix jours plus tard, Françoise David ne parle même pas du projet de loi 16 sur les accommodements raisonnables dont on a tant parlé. Aucune allusion. Rien, niet ! Alors qu'Alexa Conradi affirme que la Fédération des femmes du Québec est en faveur de son adoption. Voilà Québec solidaire et la Fédération des femmes du Québec aux côtés de Yolande James et Christine Saint-Pierre ! Toujours très calmes, évidemment.

La vérité, c'est que la position de Québec solidaire n'a pas changé d'un iota depuis la Commission Bouchard-Taylor, dont il a salué les conclusions. Et que, tout comme la Fédération des femmes du Québec, qui s'est empressée de saluer le rapport avant même de l'avoir lu, il défend une laïcité « *ouverte* » à l'intrusion du religieux dans les institutions publiques. Et qu'ils vont se servir de la sempiternelle rengaine de « *l'accès à l'égalité dans l'emploi des immigrants* » comme argument principal pour faire dérailler le débat et défendre l'intégrisme religieux en disant qu'il faut ouvrir des emplois dans la fonction publique aux femmes et aux hommes issus de l'immigration.

Voilà la poutine que vont nous servir Québec solidaire et la Fédération des femmes du Québec dans un éventuel débat sur la laïcité. Et qu'ils vont bien mélanger les frites avec le fromage pour mieux nous passer un sapin ! Quand la supposée gauche féministe défend l'intégrisme religieux en se servant des immigrants comme paravent, le mieux

que l'on puisse espérer, c'est que le Québec tout
entier s'énerve et se lève !

Octobre 2009

VOILE ISLAMIQUE :
QUÉBEC SOLIDAIRE ET LE PARI
DE SŒUR FRANÇOISE...

Les propos tenus récemment par les porte-parole de Québec solidaire, à la radio et dans les journaux, concernant le port du voile islamique dans les institutions publiques, ne visent qu'une seule chose : banaliser et dépolitiser le plus possible cette pratique patriarcale et sexiste dans le but de nous faire croire, comme l'a affirmé Françoise David, « *qu'avec le temps, si on accepte ces femmes ainsi voilées, et somme toute peu nombreuses, elles finiront bien par abandonner le voile, qu'elles cherchent présentement leur émancipation, et que, de toutes façons, la décision de s'intégrer ou non ne dépend pas de ce que l'on porte sur la tête.* » Et Amir Khadir d'en rajouter, en disant : « *qu'en Turquie et en Iran, le voile est devenu un étendard et que les Iraniennes l'ont porté pour s'opposer au régime du Shah.* » Voilà de quoi plaire ici à tous les anti-Américains.

Avec le temps, avec le temps va, tout s'en va...

Le moins que l'on puisse dire, c'est qu'avec un argumentaire aussi simpliste que tronqué, on nous prend pour des crétins. Mais qui veut-on endormir ici, à part ceux qui dorment déjà ? Car comment ose-t-on dire que les femmes voilées vont abandonner leur voile, alors qu'à Montréal, comme partout à travers le monde, le port du voile est de plus en plus répandu ? Suffit de promener son chien et de s'ouvrir les yeux, pour y voir aux abords des écoles, des petites filles de dix ans, emmaillotées comme leur maman, de la tête jusqu'aux pieds. Et que c'est justement ce voile qui symbolise leur émancipation, parce qu'elles y trouvent l'expression d'une fierté identitaire, qui s'affiche avantageusement, pour nous rappeler que « *nous ne sommes pas comme vous, nous ne nous habillons pas comme vous, nous ne mangeons pas comme vous, nous ne buvons pas comme vous, nous ne prions pas comme vous, nous ne partageons pas votre morale, et nos filles ne sont pas pour vous, parce que nous sommes différents de vous, et fiers de l'être.* »

Après, on viendra nous dire que les Québécois sont fermés à l'intégration ! Que la question du chômage chez les immigrants doit bien davantage nous préoccuper que celle du voile, apparemment plus futile. Futile, vous dites ? Mais futile pour qui ? Pour nous ou pour les intégristes islamiques ? À moins que ce ne soit que pour nous ? Mais pourquoi ces femmes tiennent-elles tant à porter ce voile, au point de refuser un bon emploi et de l'avancement professionnel plutôt que d'avoir à l'enlever ? Sœur Françoise, qu'attendez-vous alors pour leur dire « *que la décision de s'intégrer ou non ne dépend pas de ce que l'on porte sur la tête ?* » Auriez-vous oublié que la religion n'est pas que spirituelle, et que sa dimension temporelle est éminemment politique ? C'est pourtant bien ce que vous montrez savoir lorsque vous ne ratez pas une seule occasion d'écorcher les chrétiens. Alors, sœur Françoise, pourquoi une telle réserve vis-à-vis les musulmans ?

Le discours du refus

Un objet, c'est un discours, disait Barthes. À l'heure actuelle, partout dans monde, le voile islamique est l'un des symboles les plus criants et les plus éloquents de l'avilissement du corps et de l'esprit des femmes (parce que le voile vient avec des idées, figurez-vous). Mais, il est en même temps le support incontestable de toute une idéologie dans laquelle se profile la charia, qui consacre l'inégalité entre les hommes et les femmes, de même que celle entre le musulman et le non-musulman. Sœur Françoise joue l'angélique en banalisant un objet aussi riche en significations parce que le voile cristallise à lui seul, tout le système social, culturel, juridique et politique de l'islam, dans lequel se conjugue une série de refus qui sont autant de défis à notre façon de vivre. Refus du sujet libre, de l'individu affranchi de sa communauté, refus de l'égalité homme-femme, refus de la mixité, refus de la laïcité de l'espace public, refus des droits de la personne et des valeurs démocratiques. Un petit chausson avec ça, sœur Françoise ?

Islamiser la modernité
au lieu de moderniser l'islam

Sous le voile, se cache une femme ou une petite fille (sœur Françoise les oublie toujours, celles-là !), qui trimbalent partout avec elles le discours d'un refus catégorique et manifeste de s'intégrer à l'Occident impie et pourri. Les hommes ont réussi ce tour de force d'avoir à ce point instrumentalisé le corps des femmes en les transformant en véritable panneau-réclame vivant de l'Islam. Un coup génial de marketing, d'une grande simplicité et d'une redoutable efficacité. De la grande politique, quoi ! Voilà pourquoi il n'est pas rare de rencontrer des femmes voilées, très scolarisées, intégristes et très actives politiquement, présentes sur toutes les tribunes, pour témoigner de leur liberté et se porter à la défense du voile, dans le but inavoué de mettre l'islam partout dans notre quotidien. Dans les cantines des CPE, dans les écoles, les cégeps et les universités, dans les hôpitaux, dans la fonction publique, dans les piscines, les centres commerciaux, sur les trottoirs comme dans les autobus. Pas étonnant que certains aient vu ça dans leur bines... Partout, la stratégie est la même. Se servir de la liberté occidentale pour promouvoir la moralisation de la vie selon les valeurs de l'islam. Rappelez-vous, il n'y a pas si longtemps, l'épisode de la charia en Ontario. Qu'en pensent les femmes voilées, sœur Françoise ?

Un parti de gauche à la droite du Seigneur

Sur la question du voile islamique, le pari de l'intégration des porte-parole de Québec solidaire ne repose sur une aucune analyse politique sérieuse. Bien au contraire, on fait tout pour l'éviter. Et, même lorsqu'on s'y aventure timidement, comme Amir Khadir l'a fait en parlant de ses compatriotes,

les femmes iraniennes, pourquoi avoir tu le sort de
celles qui ont le courage de s'opposer au port du
voile obligatoire dans l'actuelle République islamique d'Iran, alors qu'il sait pertinemment que,
depuis trois décennies, les religieux islamistes au
pouvoir persécutent, emprisonnent, torturent et
assassinent ces femmes ? Mais de qui êtes-vous
donc solidaires, monsieur Khadir ? Et que doit-on
penser d'un parti politique qui se défile devant la
politique ? D'un parti de gauche qui capitule devant
ce qui détruit la liberté et la dignité des femmes ?
Et où le très évangélique slogan de « *l'amour du
prochain* » tient lieu d'analyse politique, à ce point
que sœur Françoise commence à faire de l'ombre à
mère Térésa. Non... Un seul mot me monte à la
gorge : la lâcheté ! Oui, une bien grande lâcheté,
pour des gens de gauche !...

Juin 2008

LA LAÏCITÉ
SELON JEAN-FRANÇOIS LISÉE

Concernant la laïcité, les dernières semaines ont été riches en rebondissements de toutes sortes. D'abord, il y a eu l'affrontement entre le Mouvement laïque québécois et le maire de Saguenay qui a soulevé les passions, et la dernière nouvelle, qui n'a pas fini de faire jaser, celle du maire de Huntingdon qui veut construire une mosquée dans sa municipalité pour attirer les immigrants maghrébins.

Mais il est aussi un autre événement moins controversé et plus discret qui a échappé aux médias et à l'opinion publique. Ce sont les propositions que Jean-François Lisée a soumises récemment sur son blogue et qui se résument à une série de mesures concrètes visant la mise en application graduelle d'une laïcité pour le Québec. L'exercice est louable en ce qu'il force la réflexion, avance des solutions et, si l'on en juge par les nombreux commentaires des internautes, les propositions de Lisée en ont séduit plus d'un.

Que ces propositions aient été faites par un ancien conseiller et stratège péquiste à quelques semaines seulement du prochain congrès du Parti Québécois, alors que des propositions sur la laïcité y seront débattues, nous oblige à considérer d'autres enjeux que ceux de la laïcité elle-même, des enjeux substantiels et cruciaux qui, au contraire

d'une laïcisation progressive, ne peuvent ici s'éche-
lonner dans le temps.

Ménager la chèvre et le chou

Pour mieux comprendre de quoi il s'agit, voici un
bref rappel des principales propositions de Lisée.
D'abord, un principe directeur guide ces mesures :
le respect du fait majoritaire dont une valeur primordiale est l'égalité entre les femmes et les
hommes. Et le mot clé dans l'application de ces
mesures : de la souplesse.

Quelques exemples de mesures proposées : interdiction du port de signes religieux pour les
employés de l'État ; toutefois, les employés déjà à
l'emploi de l'État qui sont en contact avec les
citoyens auront jusqu'à 3 ans pour se conformer à
la règle, jusqu'à 5 ans pour ceux qui ne sont pas en
contact avec les citoyens. Cette règle s'appliquerait
également dans les garderies subventionnées, les
écoles et les cégeps. Les professeurs d'université en
seraient toutefois exemptés. Interdiction du port de
signes religieux pour les élèves du réseau primaire
et secondaire ; l'application graduelle serait com-
plétée dans 11 ans. Concernant les écoles privées
religieuses, fin progressive de leur financement
d'ici 17 ans. Dans les faits, cette mesure ne s'appliquerait cependant pas aux écoles catholiques et
protestantes, puisque nous dit Lisée : « *la plupart
des écoles privées subventionnées qui ont une origine catholique ou protestante suivent à la lettre le
régime pédagogique et n'offrent aucune instruction
religieuse aux élèves..... Cependant l'État continue à*

financer un bon nombre d'écoles privées dans les-
quelles est prodigué un enseignement religieux très
conséquent. C'est le cas en particulier, mais pas seu-
lement, d'écoles hassidiques. Les Québécois estiment
à bon droit qu'il y a là une inégalité qui n'a pas sa
raison d'être ».

Quant aux employés du secteur de la santé, pas
d'interdiction mais de la persuasion. Ils pourraient
alors porter des signes religieux. Acceptation de la
non-mixité « *dans un contexte médical intime, un*
citoyen ou une citoyenne pourrait réclamer de n'être
servi que par un membre de son sexe » ; interdiction
dans tous les autres cas. Pas d'interdiction générale du voile intégral sauf dans les services publics,
mais il serait tout de même permis s'il y a une
volonté manifeste d'intégration.

Du côté municipal, les élus pourraient décider de
ne pas se conformer à l'exigence de neutralité des
institutions publiques. Un vote sur le retrait du
crucifix à l'Assemblée nationale, mais pas avant
cinq ans, alors que les élus pourront voter sans être
astreints à la ligne de leur parti.

Ménager la chèvre encore plus que le chou

Bref, des mesures parfois compatibles ou parfois
non avec les principes constitutifs de la laïcité
comme la séparation de l'Église et de l'État et la
neutralité de ce dernier, que Lisée se garde bien
d'ailleurs de mentionner, mais un seul grand principe directeur, le respect de la majorité, qui n'a
absolument rien à voir avec la laïcité. C'est une fois
de plus le « *Nous* » et le « *Eux* » de Lisée qui refait

surface avec pour conséquence une laïcité truquée
à deux vitesses : l'une qui fait semblant en faisant
du surplace et l'autre, qui malgré tout, prend bien
son temps. Trois ans pour enlever son voile, ça
donne amplement de temps d'apprendre le manda-
rin ! Car, si vous lisez bien attentivement, cela veut
dire une laïcité surtout pour les autres, même si
c'est pour dans dix mille ans ! Pas étonnant que
Jean-François Lisée ne parle jamais de la nécessité
d'une Charte de la laïcité qui aurait pour effet
d'énoncer des règles universelles qui sont les
mêmes pour tous et qui ferait que ce qui est bon
pour pitou est aussi bon pour minou !

Comment, par exemple, pourrait-on dire que,
dans les conseils municipaux, la neutralité de
l'État ne s'appliquerait que si les élus le souhaitent ? Et que les employés du milieu de la santé de
même que les professeurs d'université pourraient
se soustraire à l'interdiction du port de signes religieux ? En vertu de quel principe laïque ? Ne sont-
ils pas, au même titre que les employés de la SAAQ,
des agents de l'État ?

Si Jean-François Lisée n'invoque jamais ces
principes, c'est tout simplement parce que ses propositions ne les respectent pas. Il est vraiment
navrant de la part d'un ancien conseiller péquiste
de rayer en douce ce projet de charte alors qu'il sait
pertinemment que c'est la proposition centrale du
Parti Québécois en matière de laïcité.

C'est toute l'astuce de ces propositions ; faire
passer l'identitaire pour de la laïcité et ainsi plaire
à la majorité de Québécois en confondant les catholiques, les nationalistes et les laïques, tout en ne

brusquant pas les communautés ethniques dont la religion est minoritaire, particulièrement la communauté musulmane. De la grande et de la petite séduction. De quoi être nombreux à voter pour le Parti Québécois aux prochaines élections !

Du pragmatisme politique en vue du congrès du Parti Québécois

Il ne faut pas se laisser leurrer. Les véritables enjeux derrière ces propositions de Lisée sont d'abord d'éviter la division des péquistes au congrès sur cette épineuse question de la laïcité. En repoussant, en soustrayant ou en étalant dans le temps, l'application de plusieurs mesures, dont, entre autres, la communauté musulmane ferait les frais, Lisée espère affaiblir l'argument de Robin Philpot disant qu'il ne faut pas interdire le port de signes religieux parce que le Parti Québécois risquerait de s'aliéner cette communauté et diminuerait ainsi ses chances de succès en vue d'un prochain référendum. Cet argument de Robin Philpot est partagé par certains souverainistes et divise actuellement le Parti Québécois.

De plus, ces propositions d'une laïcité modulée en fonction de l'identité vont plaire à bon nombre de Québécois. Ce qui serait une stratégie favorable à l'élection d'un gouvernement péquiste et, pourquoi pas !, le temps venu, au succès d'un prochain référendum sur la souveraineté.

Voilà les véritables enjeux qui se cachent derrière les propositions de Jean-François Lisée. On comprend mieux maintenant pourquoi le port de signes religieux ne s'appliquerait pas dans le domaine de la santé, de même que pour les professeurs d'université. Il ne faut pas trop en irriter certains. On comprend mieux aussi pourquoi les élus municipaux pourraient se soustraire à la laïcité comme le fait l'actuel maire de Saguenay, Jean Tremblay, et pourquoi les députés pourront voter, mais seulement dans cinq ans et selon leur conscience, sur le retrait du crucifix de l'Assemblée nationale. Plaire au plus grand nombre et ne pas diviser le Parti Québécois pour maximiser ses chances d'être élu aux prochaines élections. Mais toutes ces entourloupettes feront-t-elles pour autant avancer la laïcisation du Québec ?

De la nécessité d'une Charte de la laïcité

L'ensemble des propositions de Jean-François Lisée basé sur des considérations identitaires et des préoccupations électoralistes balaie totalement l'idée d'une Charte de la laïcité d'inspiration républicaine, qui est la proposition centrale du Parti Québécois. Cette proposition, qui est au cœur de son programme, n'est pas une proposition parmi d'autres, dont on pourrait disposer pour telles ou telles raisons, parce que c'est la proposition qui contient toutes les autres.

Cette Charte, c'est le cadre idéologique qui va donner et garantir une orientation laïque et universaliste à tout le reste et nous préserver du piège de l'identitaire. Renoncer à cette Charte équivaudrait à détruire la charpente de l'édifice que l'on veut construire en matière de laïcité. Et c'est sans compter l'immense déception que cela provoquerait face aux attentes de la grande majorité des Québécois.

Le gouvernement libéral de Jean Charest suit les recommandations du rapport Bouchard-Taylor qui désapprouvent l'idée d'une Charte de la laïcité et privilégient les arrangements au cas par cas. Les propositions de Jean-François Lisée torpillent à leur tour l'idée d'une charte qui donnerait au Québec une allure digne et fière, celle d'une nation enfin capable d'affirmer clairement et constitution-nellement sa laïcité.

Mars 2011

LAÏCITÉ, ATHÉISME, CULTURE ET SCIENCE

La laïcité a-t-elle tué l'athéisme ?

Allocution présentée au Congrès nord-américain de l'Alliance athée internationale et Humaniste athée, 1ᵉʳ octobre 2010

L e siècle des Lumières fut l'âge d'or de la critique antireligieuse et, si on y regarde de plus près, on constate aussi qu'il nous a donné un bien curieux mélange. Alors qu'une gauche matérialiste et radicalement athée avec d'Holbach et Diderot a précipité la mort de Dieu et prédit la disparition des religions, une droite, anticléricale certes, mais déiste, avec en tête Locke et Voltaire, nous a donné la laïcité, la condamnation de l'athéisme et le respect des religions.

De cette laïcité issue des Lumières, nous en avons retenu l'idée de tolérance, oubliant qu'à l'origine, celle-ci ne tolérait que les religions. En effet, pour John Locke reconnu comme étant le théoricien de la tolérance, les athées n'étaient pas des gens dignes et fiables avec lesquels on pouvait bâtir une société. Écoutons-le dans sa fameuse *Lettre sur la tolérance* (1686) considérée comme le texte fondateur de la laïcité : « *Ceux qui nient l'existence d'un Dieu ne doivent pas être tolérés, parce que les promesses, les contrats, les serments et la bonne foi, qui sont les principaux liens de la société civile, ne sauraient engager un athée à tenir sa parole ; et que si l'on bannit du monde la croyance d'une divinité, on ne peut qu'introduire aussitôt le désordre et la confusion générale. D'ailleurs, ceux qui professent l'athéisme n'ont aucun droit à la tolérance sur le chapitre de la religion, puisque leur système les renverse toutes ».* Le moins que l'on puisse dire ici, c'est que, si le souverain ne peut plus imposer sa religion, il a tout de même encore besoin d'elle pour maintenir l'ordre et régner sur ses sujets. Que chacun prie comme il veut, soit !, mais il faut prier !

Cet argument, qui présente l'athéisme comme étant plus nocif que les religions et qui laisse croire qu'il faut une religion au peuple, sera repris par Voltaire qui jugeait qu'une société d'athées est impossible puisqu'il n'y aurait plus aucun frein moral à transgresser les lois humaines. Voici ce qu'il nous dit dans son *Dictionnaire philosophique* (1764) : « *Il est clair que la sainteté des serments est nécessaire, et qu'on doit se fier davantage à ceux qui pensent qu'un faux serment sera puni, qu'à ceux qui pensent qu'ils peuvent faire un faux serment avec impunité.* » Et d'en rajouter avec l'ironie qu'on lui connaît sur l'immoralité légendaire des athées lorsqu'il écrit : « *Je ne voudrais pas avoir affaire à un prince athée qui me ferait piler dans un mortier* ». Bien que Voltaire considère l'athéisme moins funeste que le fanatisme religieux en ce qu'il ne produit pas de passions sanguinaires, il le condamne, tout comme Locke, pour cause d'immoralité. Une bien mauvaise réputation pour les athées qui a commencé avec le divin Platon et qui encore aujourd'hui persiste et laisse croire que seules les religions sont garantes de la morale et que seuls les croyants peuvent prétendre à la vertu. Comme si nous avions besoin de la Bible pour savoir qu'il est préférable de ne pas tuer son prochain.

Alors que c'étaient les croyants qui avaient mis l'Europe à feu et à sang, ce sont les athées que l'on a cru bon de ne pas tolérer. Trouver l'erreur ! Pour Locke, la neutralité de l'État laïque et sa nécessaire tolérance vis-à-vis les religions tenait à son incapacité de savoir ce qu'était la vie bonne, à son ignorance en matière spirituelle et, donc, à son incompétence concernant le soin des âmes. Il est tout de même étonnant qu'une pareille ignorance fut « *ignorée* » quand vint le tour de l'athéisme. Étonnant que l'État redevienne soudainement compétent et... intolérant.

En proposant la séparation de l'Église et de l'État, les philosophes déistes ont combattu le cléricalisme et pris la place des curés pour bannir l'athéisme, ne protégeant alors que la liberté religieuse. Mais, me direz-vous, les temps ont bien changé car, aujourd'hui, la neutralité de l'État laïque garantit la liberté de conscience, assurant le respect et l'égalité en droits des croyants comme des athées, et que c'est grâce à cette laïcité si ceux-ci peuvent maintenant vivre leurs convictions au grand jour, sans subir de préjudice. C'est l'appréciation habituelle que les athées font de la laïcité, n'y trouvant somme toute que des vertus. Avec vous aujourd'hui, je voudrais examiner d'un peu plus près ces vertus, particulièrement le statut que cette laïcité a assigné à l'athéisme, et en dégager quelques conséquences, pour ne pas dire quelques défauts.

Se pourrait-il que cette laïcité qui a mis fin aux guerres de religions et contribué avantageusement à pacifier l'Europe ait en même temps désamorcé la charge tonifiante de l'athéisme au point de ruiner sa fonction critique ? La laïcité aurait-elle desséché l'athéisme ? L'a-t-elle tué ?

L'égalité politique des croyances religieuses et de l'athéisme dans l'espace public a des répercussions insoupçonnées sur le plan épistémologique. Mettre sur le même plan, la religion et l'athéisme, c'est mettre à égalité la foi et la raison, mettre à égalité la superstition et la science, mettre à égalité l'un et son contraire. D'un côté les croyants, de l'autre les incroyants. Il y a ceux qui croient que Dieu existe et les autres qui « *croient* » qu'il n'existe pas. Voilà tout ce beau monde assis bien gentiment les uns aux côtés des autres, avec chacun sa croyance. C'est le vivre-ensemble laïque. La fameuse ouverture dont on se vante tant lorsqu'on nous accuse d'être fermés au pluralisme.

C'est drôlement vrai, il n'y a pas plus inclusif que la laïcité. L'embêtant, c'est qu'un tel relativisme présente l'athéisme comme une croyance, une sorte de croyance à l'envers, mais une croyance tout de même. Une croyance parmi d'autres. Une option possible du buffet laïque qui, par exemple, met dans la même assiette le créationnisme et le darwinisme. Après tout, les gens choisiront ce qu'ils veulent. Autant dire alors que la science ne vaut pas mieux que la religion. D'Holbach pourtant affirmait que l'athéisme n'est justement pas une attitude religieuse, mais bien une attitude scientifique vis-à-vis l'univers.

En présentant l'athéisme comme un choix possible parmi d'autres, la laïcité a dissocié l'athéisme de la science et occulté cette distinction fondamentale entre la foi et la raison, le vrai et le faux, et miné la supériorité de la science sur la religion, faisant ainsi perdre à l'athéisme son assise et sa force subversive, si nécessaire à la critique des religions.

Ce relativisme rendra aussi plus difficile la critique des religions qui s'efface derrière le respect de celles-ci, craignant d'être accusé d'un manque de respect envers les croyants, de porter atteinte à leur liberté de conscience ou, pire encore, de blasphémer. Ce qui place l'athéisme dans une position de retrait et neutralise la radicalité de sa critique envers les religions et leurs écrits. À ce point que les athées laïques s'aventurent rarement dans cette direction, préférant le confort du vivre-ensemble laïque à la dure confrontation des idées. D'Holbach dans *La Contagion sacrée* (1768) écrivait : « *Doit-on des ménagements à des systèmes d'erreurs et de préjugés dont les principes primitifs sont d'interdire l'usage de la raison, de fermer ses yeux à la vérité, de se haïr soi-même, de détester tous ceux qui ne voient pas des chimères des mêmes yeux, d'enivrer les mortels d'espérances frivoles et de craintes désespérantes sans les rendre plus vertueux ?* » D'un point de vue laïque, cela m'a tout l'air que oui !

Ce respect excessif dont jouissent les religions auquel Richard Dawkins fait allusion au tout début de son ouvrage *Pour en finir avec Dieu* (2006) prend sa source chez les penseurs déistes des Lumières. On le retrouve même dans le rapport Bouchard-Taylor où il est dit que quiconque affirme que les religions sont dépassées porte atteinte à la liberté de conscience. Tolérance zéro ! Qui cherche-t-on à museler ici, sinon les athées ?

Outre la laïcité, un autre événement majeur est survenu à l'époque des Lumières qui, à mon avis, a affaibli l'athéisme, et c'est celui du criticisme kantien. Dans son texte *Le conflit des facultés* (1798) Kant va rompre avec des siècles de philosophie thomiste dans laquelle la science était fondamentalement liée à la religion et la philosophie à la théologie. Kant va en quelque sorte laïciser la raison en la séparant de la foi, nous expliquant que raison et foi sont deux magistères radicalement différents qui ne se rencontrent d'aucune façon et qu'il faut donc éviter de confondre. Ainsi, la science et la philosophie peuvent dorénavant affirmer leur autonomie par rapport à la théologie. Cette nouvelle façon d'articuler les rapports entre la foi et la raison a réjoui bien des athées, y inclus D'Holbach, puisqu'elle permettait à la raison de s'émanciper et de ne plus être étouffée par la foi.

Le hic, et c'est là que j'y vois un recul de l'athéisme, c'est qu'en affranchissant la raison, Kant en a fixé les bornes et limité les prétentions. Désormais, la science ne peut plus rien dire à propos de Dieu, simplement parce que cela ne relève pas de son champ de compétences. Les athées se retrouvent donc ici avec une science qui ne leur sert à rien, tout comme dans l'incapacité théorique d'affirmer rationnellement que Dieu n'existe pas. Cet habile tour de chapeau du chrétien Kant, en plus d'avoir mis l'idée de Dieu à l'abri des critiques de la science, a du même coup forcé les athées à se replier dans une position rationnelle plus faible, qui est celle de l'agnosticisme, et réduit leur athéisme à n'être plus qu'une posture affective et irrationnelle en face de l'existence. Vous conviendrez qu'ici, on n'est pas loin de la croyance, et que nous sommes aussi à des années-lumière d'un Lucrèce ou d'un d'Holbach qui croyaient résolument que la connaissance de la nature à travers le développement des sciences ferait progressivement disparaître la religion.

Mais que peut la raison sans la foi ? Saint Paul ne disait-il pas dans sa deuxième épître aux Corinthiens : « *Pour l'homme qui n'est pas empli de l'Esprit, les choses du monde spirituel sont absurdes et ne peuvent être comprises.* » N'est-ce pas de cela dont les deux derniers papes ont essayé de nous convaincre ? Que la raison sans la foi s'égare et se dessèche ? Jean-Paul II, dans son encyclique *Fides et ratio* (1998), a reconnu la nécessité de la raison, mais en insistant sur l'importance de s'ouvrir à nouveau à la foi puisqu'ultimement toute vérité vient de Dieu. Qu'il faut donc rétablir le dialogue puisque, selon lui, il n'y a pas d'incompatibilité entre la foi et la raison. Et n'était-ce pas aussi cela qui était au cœur du discours de Ratisbonne de Benoît XVI en 2006, lorsqu'il disait que le criticisme kantien a éloigné la raison de la foi en lui donnant un caractère purement instrumental, rendant ainsi la raison inapte à répondre aux questions existentielles que l'homme se pose. Bref, que les sciences ont besoin des lumières de la théologie.

Derrière cette incomplétude de la raison sur laquelle les croyants insistent tant, se cache un refus de l'autonomie de celle-ci, le refus d'un monde dans lequel les sciences seraient les seules dépositaires du vrai. Nous retrouvons également cette même idée lorsqu'on accuse la modernité d'anomie, de nihilisme et de relativisme moral, allant même jusqu'à tenir la raison responsable de la violence, de la pornographie, de l'avortement et de l'homosexualité. La raison s'est trop rapprochée du singe et trop éloignée de la foi, nous disent les croyants. Il faut donc réconcilier ce que Kant avait séparé. Et comment les croyants font-ils cela ?

Bien concrètement, cela signifie recruter et financer largement, partout à travers le monde des intellectuels de haut calibre, des scientifiques réputés (dont les astrophysiciens Hubert Reeves et Trinh Xuan Thuan) et des gens très en vue des médias dans le but de réfléchir aux implications métaphysiques des découvertes scientifiques afin de réconcilier les sciences avec la religion. Les membres de ce groupe, forts du respect dont ils jouissent, s'impliquent dans diverses activités à l'échelle internationale et en profitent pour diffuser une vision spiritualiste des sciences. C'est entre autres ce à quoi s'active une organisation française qui se nomme l'Université interdisciplinaire de Paris (UIP), dont une des sources importantes de financement est la riche fondation américaine John Templeton – bien connue pour subventionner et récompenser d'un Nobel et demi, ceux qui sont gentils avec les religions – avec qui l'UIP a établi un étroit partenariat depuis l'an 2000. Est-il besoin de rappeler que Charles Taylor, philosophe catholique, fut récipiendaire de ce prestigieux prix l'année même qu'il présida la fameuse Commission Bouchard-Taylor qui a recommandé, sans surprise pour le Québec, une laïcité ouverte aux religions ?

Réconcilier la foi et la raison, cela signifie aussi formater les jeunes esprits en poursuivant avec zèle la bataille pour limiter l'enseignement du darwinisme dans les écoles ou, à tout le moins, avec le dessein intelligent, maquiller le créationnisme en science, pour le présenter comme une alternative scientifique valable. Rien de moins que de réintroduire de la transcendance dans le monde du vivant. Connecter le surnaturel au naturel et brandir la Bible et le Coran pour moraliser la vie de tout le monde.

Le début de ce siècle connaît un regain de ferveur religieuse sans précédent, et il ne faudrait surtout pas sous-estimer les moyens financiers, les organisations et les réseaux éducatifs et communicationnels dont disposent les croyants, les sites Web attrayants qui pullulent sur la toile, leur capacité d'offrir une vie sociale et communautaire aux plus démunis, celle de mobiliser et d'encadrer les jeunes, d'investir l'école laïque pour promouvoir le créationnisme, de recruter des gens de tous les milieux, de s'engager en politique et d'infiltrer les partis pour faire avancer leur agenda politico-religieux. Tout ceci sans oublier l'ardent prosélytisme et le doux délire qui les animent.

L'offensive est sérieuse et devrait nous inquiéter au plus haut point. Elle se fait principalement sur deux fronts ; d'une part, celui du politique avec cette trompeuse laïcité ouverte qui essaie de miner les fondements de la démocratie, de délaïciser l'espace public, de remettre en question le statut des femmes et les acquis de la révolution féministe, de contester les droits des homosexuels et, d'autre part, celui des idées, avec cette volonté de revenir à un monde pré-kantien, de présenter la foi comme un savoir légitime, une dimension essentielle qui vient parfaire et compléter ce qui échappe depuis toujours à la raison instrumentale.

Dieu n'est pas mort et, contrairement à ce que certains philosophes ont affirmé, il ne mourra pas. Il devient urgent d'en prendre toute la mesure, urgent que les athées sortent de cet engourdissement et de ce mutisme dans lesquels la laïcité nous a confortablement installés, urgent que les athées fassent bien davantage que de « *ne pas croire* ». L'athéisme n'est pas une foi et nous devons retrouver notre assurance, notre intelligence, notre mordant et nous manifester politiquement et intellectuellement sur toutes les tribunes. Il y a tant à faire. Nous devons rompre avec une certaine insouciance et quitter absolument la réserve dans laquelle la posture laïque nous a cantonnés pour redevenir à nouveaux pertinents.

D'Holbach, dans son œuvre, a beaucoup insisté sur le courage qui est nécessaire au penseur. Nous devons retrouver ce courage, retrouver cette audace. Et, puisque la religion nous ramène au Moyen-Âge, il faudrait à tout le moins que l'athéisme nous ramène au siècle des Lumières. Ainsi, la laïcité, les droits des femmes et les sciences, qui sont de fabuleux acquis de la modernité, n'en seront que mieux protégés. Et, comme le disait si magnifiquement le poète Jacques Prévert : « *Notre Père qui êtes aux cieux, restez-y, et nous, nous resterons sur la terre, qui est quelquefois si jolie. »*

Montréal, 1ᵉʳ octobre 2010

Laïcité : au cœur du débat avec Charles Taylor

Deux ans après la publication du rapport de la Commission de consultation sur les pratiques d'accommodement reliées aux différences culturelles, les philosophes Jocelyn Maclure et Charles Taylor nous livrent un ouvrage, *Laïcité et Liberté de conscience* (Boréal, 2010) dans lequel ils développent et approfondissent l'argumentaire en faveur de la laïcité ouverte.

Soulignant d'entrée de jeu le manque d'analyse conceptuelle adéquate quant aux principes constitutifs de la laïcité, les auteurs proposent un découpage dans lequel le respect de l'égalité morale et la protection de la liberté de conscience constituent les deux grandes finalités de la laïcité, alors que la séparation de l'Église et de l'État, et la neutralité de ce dernier, n'en forment que le mode opératoire. Cette neutralité de l'État n'étant ici qu'un moyen qui, selon les auteurs, a été fétichisé par la conception républicaine.

Une telle analyse a pour effet de limiter les prétentions de l'État, tout en propulsant l'individu au cœur de la problématique laïque. Mais ce raisonnement comporte une grave erreur parce qu'il suppose que la liberté de conscience peut exister avant même qu'il y ait séparation entre le politique et le religieux. Or, et l'histoire en témoigne, c'est justement le fait d'exclure le religieux du politique qui va permettre à la liberté de conscience d'exister ultérieurement. Dans un État où la religion n'a pas été séparée du politique, la liberté de conscience n'existe pas. Il en est d'ailleurs ainsi dans la très grande majorité des pays musulmans où la religion est liée au politique et où la liberté de conscience est inexistante.

Le moment fondateur de la laïcité n'est donc pas l'individu, mais l'État. Un État neutre eu égard aux croyances et qui, par sa neutralité, produit, nous dit Catherine Kintzler, un espace *a priori* pouvant accueillir toutes les options. C'est cet espace commun qui fait advenir la liberté de conscience et l'égalité des droits qui ne préexistent nullement à la séparation de l'Église et de l'État.

De réduire l'État à n'être qu'un moyen, c'est aussi sous-estimer les raisons historiques qui ont conduit au régime de laïcité, occulter le caractère hégémonique des religions et négliger l'opposition légendaire d'un régime laïque contre toutes formes de cléricalisme. Parce que seule la séparation de l'Église et de l'État peut empêcher qu'une religion impose ses règles de vie à l'ensemble des citoyens. En tenant compte de la conjoncture actuelle où les démocraties subissent les assauts de l'intégrisme religieux, ne pas considérer celle-ci comme étant une finalité à la laïcité relève tout simplement de la bêtise ou de la mauvaise foi.

L'approche de Maclure et Taylor s'inscrit dans le cadre du libéralisme politique qui ne reconnaît de légitimité morale qu'à l'individu. Se réclamant de Locke pour attester l'incompétence de l'État en matière spirituelle, et de Rawls pour nous rappeler les limites de la rationalité à pouvoir définir ce qu'est la vie bonne, l'État libéral se voit donc disqualifié dans sa capacité et son droit d'affirmer des valeurs communes puisqu'il n'y a que l'individu qui jouit d'une telle autonomie morale. Seules la dignité, les droits de la personne et la souveraineté populaire sont considérées par les auteurs comme des valeurs communes légitimes parce qu'indissociables de toute démocratie.

Ils accusent donc l'État républicain de ne pas être neutre, puisqu'il défend une conception séculière du bien qu'ils qualifient de « *religion civile* » et dans laquelle bon nombre de citoyens religieux risquent de ne pas se reconnaître. Ainsi l'universel est transformé en particulier occidental arrogant, et le principe d'égalité des sexes en parti-pris particulier occidental. Maclure et Taylor considèrent que le seul fondement légitime de l'État doit se limiter aux valeurs énoncées dans les chartes qui ne reconnaissent que les droits individuels, refusant donc à la nation québécoise le droit à la reconnaissance, la rabaissant, comme ce fut le cas dans le rapport de la Commission Bouchard-Taylor, au rang d'une majorité ethnique. Cela fait tout de même beaucoup de refus pour un État libéral qui a la prétention de tout accepter sans faire violence à personne...

Toute définition extrinsèque du bien commun étant exclue, ne reste plus à l'État libéral qu'un seul rôle : celui de la prise en charge du pluralisme religieux de nos sociétés modernes, celui d'harmoniser le vivre-ensemble en protégeant l'expression des différentes conceptions du bien, même si elles sont parfois opposées. Cette conception de la neutralité de l'État d'inspiration rawlsienne fait penser à la recette du succès du fromage *Le P'tit Québec* ; le moins de saveur possible pour que tout le monde en mange.

Celle-ci servira de toile de fond pour promouvoir la laïcité ouverte et justifier ses implications, notamment en ce qui concerne le port de signes religieux dans les institutions publiques. L'argumentaire est bien connu : l'exigence de neutralité s'adresse aux institutions et non aux individus. Ce serait donc porter atteinte à la liberté de conscience que d'interdire le port de tels signes. Fi du symbolisme, fi du prosélytisme, fi de l'intégrisme.

Dans la deuxième partie du livre, les auteurs vont développer un argumentaire visant à justifier l'obligation juridique d'accommodement dans le cas des croyances religieuses, en montrant que celles-ci ne sont pas de simples préférences, puisqu'elles sont liées au sentiment d'intégrité morale d'une personne et à l'estime qu'elle se porte à elle-même. Ne pas reconnaître ces croyances, disent les auteurs, équivaudrait à nier l'identité de la personne et lui causer un tort moral irréparable qui contreviendrait à son droit à l'égalité. Maclure et Taylor iront même jusqu'à affirmer qu'en raison du rôle joué dans l'identité morale, le statut des croyances religieuses est particulier, et qu'elles doivent donc jouir d'une protection juridique spéciale. Ils se réjouissent d'ailleurs du fait que le seul critère retenu par la Cour suprême soit celui de la sincérité du croyant, les tribunaux n'ayant donc pas à juger des dogmes religieux.

Finalement les auteurs concluent en disant : « *Ce type de société exige des citoyens qu'ils fassent abstraction des désaccords moraux et philosophiques, parfois profonds, qu'ils ont avec leurs concitoyens au nom de leur intérêt plus fondamental à vivre dans une société suffisamment stable et harmonieuse.* » Et d'ajouter : « *... le prix à payer pour vivre dans une société qui protège l'exercice des libertés de conscience et d'expression est d'accepter d'être exposé à des croyances et à des pratiques que nous jugerons fausses, ridicules ou blessantes.* » Interdit de juger, interdit de penser. Ce serait faire preuve d'outrecuidance et d'ethnocentrisme. Seul l'individu est souverain. Mais les auteurs se défendent bien de tomber dans le relativisme en disant plutôt se fonder sur le droit à l'égalité garanti par les chartes. Du libéralisme pur jus.

Une telle position n'est pas que formelle en ce qu'elle accorde une présomption de valeur à toutes les cultures. Mais comment fonder cette présomption ? C'est Charles Taylor lui-même qui nous donne la réponse dans son livre *Multiculturalisme. Différence et Démocratie* : « *L'un des fondements proposés est d'ordre religieux. Herder, par exemple, avait une conception de la divine Providence selon laquelle toute variété de culture n'était pas une pure contingence, mais était censée apporter une plus grande harmonie. Je ne saurais écarter une telle conception.* » Voilà que Dieu et le sens du sacré sont réintroduits subrepticement dans l'histoire par le biais de cette divine Providence, voulant que tout soit nécessaire, y compris les cultures qui sont l'œuvre de Dieu. Père, que ta volonté soit faite sur la

terre comme au ciel ! Faut-il s'étonner alors d'une
défense de la laïcité ouverte aux religions ?

Ce romantisme chrétien, qui s'oppose au rationalisme des Lumières et à l'universalité de la raison
cartésienne ou kantienne, est le sous-entendu capital de cette laïcité ouverte. Il en est son secret le
mieux gardé et son parti-pris le mieux dissimulé...

On associe généralement le totalitarisme à
l'État qui écrase l'individu et étouffe sa liberté.
C'est essentiellement cette vision orwellienne de
l'État qui anime la pensée libérale. Mais, permet-
tez-moi de souligner qu'avec cette offensive du religieux sur la base des droits individuels, les bien-
pensants de la laïcité ouverte nous interdisent de
penser et de juger en même temps qu'ils se font les
alliés des intégristes les plus virulents dont les
penchants et les sympathies pour le totalitarisme
ne sont plus à démontrer. Mais, évidemment, ceci
se passe en 2011 dans une autre galaxie. Loin de
chez nous...

Avril 2011

Faut-il brûler Lévi-Strauss ?

Le concert d'éloges qui a suivi le décès de Claude Lévi-Strauss nous a rappelé son immense contribution à l'ethnologie, mais ne semble pas avoir donné la pleine mesure de sa pensée quant à la profonde influence de celle-ci dans nos vies. Mort centenaire, on pourrait croire que la postérité de Lévi-Strauss est disparue bien avant lui et que les belles années du structuralisme sont loin, très loin derrière nous. Or, il n'en est rien puisque notre modernité respire et s'abreuve constamment de ses idées qui façonnent toujours notre univers politique et en constituent très certainement le plus grand dénominateur commun. En changeant radicalement la perception des autres et de nous-mêmes, Lévi-Strauss nous a donné un nouveau paradigme dont nous sommes encore largement tributaires. Pour le meilleur et pour le pire. De tous ceux qui jusqu'à maintenant ont parlé de l'homme, je dirais que Lévi-Strauss est probablement le plus vivant de tous. Et que nous sommes ses enfants qui s'ignorent...

Lévi-Strauss : le Copernic de l'anthropologie

Non, la terre n'est plus au centre du monde et nous ne sommes plus en son centre. Le monde est désormais ouvert et l'infini est partout. Quant à l'homme, il devra désormais se débrouiller tout seul pour ouvrir ses huîtres ! Lorsque Copernic nous a

appris cela, notre vision du monde et de nous-
mêmes a totalement changé. Et depuis ce temps, le
monde va autrement.

Contrairement à ses prédécesseurs, Lévi-
Strauss refusera de diviser le monde en deux avec,
d'un côté, l'Occident civilisé enfin débarrassé de ses
plumes et persuadé de sa supériorité et, de l'autre,
les lointains sauvages aux pieds nus encore empê-
trés dans l'enfance de l'humanité. C'est en rompant
avec cette perspective ethnocentrique que Lévi-
Strauss décolonisera l'anthropologie, considérant
chaque culture comme une richesse et une singula-
rité à préserver, refusant à chacune le monopole de
l'universalité et relativisant par le fait même la culture occidentale à n'être qu'une culture parmi d'autres, un murmure excusable dans l'infini diversité
des mondes. Ainsi, par un habile renversement,
l'Occident deviendra l'Amazonie qui deviendra à
son tour Paris. Les primitifs se changeront en ex-
primitifs et les civilisés en d'affreux barbares
croyant à la barbarie. On imaginait notre monde à
moitié plein alors que Lévi-Strauss nous l'a fait voir
à moitié vide. Et c'est depuis ce temps que le monde
va tout autrement.

Le monde selon Lévi-Strauss

Héritier du rationalisme, Lévi-Strauss nous dira
que l'homme est partout pareil car, sous l'apparente diversité culturelle, se révèlent une pensée
complexe et des règles sociales d'une étonnante
uniformité. L'autre lointain devient ainsi mon
parent proche pas si différent de ma sœur que je

connais par cœur. De cette parenté élémentaire, Lévi-Strauss en conclura à l'égale importance des cultures, se refusant d'accorder à l'une d'entre elles une quelconque supériorité. Le respect de toute culture devint dès lors la norme de notre rectitude politique, au point où Lévi-Strauss lui-même ira jusqu'à s'opposer à l'entrée des femmes à l'Académie française au nom du respect du rituel !

Pour les structuralistes, la seule religion qui est permise est celle de la différence. Finie la hiérarchie entre les peuples et les cultures, finie aussi l'histoire qui progresse, comme les Lumières et le marxisme nous l'ont promise, et débouche sur la Civilisation et le savon. Il n'y a plus nulle part de vérités qui tiennent, mais rien que des valeurs observables que nous devons respecter parce que nous ne disposons plus d'aucun critère qui nous permettrait de trancher. Et que ce serait faire preuve d'une bien grande violence à l'égard de l'autre que de vouloir porter un jugement de valeur sur sa culture. Après tout, qui sommes-nous pour dire aux autres comment vivre et comment s'habiller ? N'était-ce pas ainsi que le Président Obama a défendu le port du voile lors de son voyage, l'été dernier, dans des pays musulmans ?

Dans la deuxième moitié du XXe siècle, la pensée de Lévi-Strauss a fourni des arguments à la littérature anti-impérialiste et tiers-mondiste, mais elle a également injecté une bonne dose de honte et de culpabilité à cet Occident colonialiste et impérialiste qui détruisait des cultures en voulant imposer la sienne. Fallait-il s'étonner alors de voir un Michel Foucault et une bonne partie de l'intelli-

gentsia française mettre sur le même plan les
guerres de libération nationales et saluer favora-
blement l'arrivée des ayatollahs en Iran ?

Le monde depuis Lévi-Strauss

On a souvent dit de la modernité qu'elle était
celle de la fin de l'Histoire et du Politique.
Lipovetsky avait une belle formule pour résumer
cela en parlant de *L'ère du vide*. Lévi-Strauss a largement contribué à nous propulser dans ce vide
social et intellectuel en posant les prémisses d'une
pensée inodore et incolore qui nous prive de la
faculté de juger, de choisir, de s'opposer et de s'affirmer, mettant ainsi sur le même plan la charia et
les Droits de l'Homme, l'excision et la chirurgie
esthétique comme l'a fait Germaine Greer, le voile
islamique et l'hypersexualisation des filles. Avec
Lévi-Strauss, nous avons perdu le droit d'être scan-
dalisés, révoltés, outrés, parce que toute différence
culturelle impose sa norme et sa tyrannie au nom
du respect et de la démocratie, alors que tout réfé-
rent fondateur est perçu comme une violence,
comme du racisme ou de la xénophobie.

Mais la pire des violences n'est-elle pas de s'interdire de juger des traditions et des pratiques culturelles qui contredisent nos avancées politiques
en termes d'égalité ? La démocratie n'est-elle pas
préférable à la théocratie ? Et l'égalité des sexes
n'est-elle pas supérieure à l'oppression des
femmes ? Cette victoire récente sur le patriarcat
ne peut-elle pas être qualifiée de progrès ?
Devrions-nous renoncer à la portée universelle des

Droits de l'Homme sous prétexte qu'ils sont issus de la culture occidentale et qu'ils contredisent les enseignements du Coran ? L'égalité des sexes ne serait-elle donc valable que pour les femmes occidentales ? Devrait-on accepter le sexisme sous prétexte qu'il se drape subtilement dans une identité culturelle non occidentale ? Lévi-Strauss nous a fait perdre pied, mais est-ce une raison pour perdre la tête ?

Aujourd'hui, de plus en plus, la religion se présente comme un marqueur important de l'identité culturelle et le relativisme hérité de Lévi-Strauss fonde le multiculturalisme et alimente généreusement les intégrismes religieux qui, au nom du respect des différences culturelles, contestent les Droits de l'Homme et menacent nos libertés les plus fondamentales. Ce relativisme fournit également une zone de confort à une gauche qui a toujours eu pour tradition d'être antiraciste, et qui a abandonné le combat laïque des Lumières pour se porter, comme Québec solidaire, à la défense des intégristes musulmans. Enfin, il rend aussi l'affirmation identitaire de la majorité des Québécois suspecte et coupable de crispation identitaire. On connaît bien la chanson !

Mort, Lévi-Strauss ? N'en croyez rien, car sa pensée est bien vivante et constitue l'immense toile de fond sur laquelle se joue à court terme l'avenir politique de nos démocraties. Lévi-Strauss est en nous et devant nous. Lévi-Strauss est partout. Dites, faut-il brûler Lévi-Strauss ?

Décembre 2009

DARWIN DANS LA MIRE
DES CRÉATIONNISTES

Angleterre 1859. Coup de tonnerre dans le monde des idées. Le naturaliste Charles Darwin publie *L'Origine des espèces,* dans lequel il explique que celles-ci présentent des ressemblances et se transforment par le mécanisme de la sélection naturelle. Point à la ligne. Deux idées, et après deux millions d'années, pour la première fois de son existence, l'homme va poser son pied... sur la Terre. L'ancêtre de Tintin, tout droit sorti des pissenlits. Charles et ses pots de fleurs, surgis d'une même cellule, d'un même Jello. L'homme, créé par la nature, sans le secours de Dieu pour le mettre debout. L'homme, apparu par hasard, comme les grands singes et les souris au pelage blanc.

L'insoutenable liberté de l'être

L'évolution du vivant est aveugle et sans but, nous apprend Darwin, à ce point qu'il préférera parler de « *descendance avec modification* » plutôt que « *d'évolution* » craignant que ce terme suggère un quelconque « *progrès* » dans le développement de la vie. Par ces idées toutes simples qui reposent sur des années d'observation attentive de la nature, Darwin nous a donné un puissant paradigme du vivant d'où le surnaturel est absent et où l'homme n'est plus le point terminal de l'évolution, mais bien le résultat du hasard.

Pour la première fois de son existence, Dieu n'existe plus, et l'homme aurait bien pu ne pas exister lui non plus. C'est précisément cette insupportable contingence, à laquelle tous les croyants sans exception sont allergiques, qui s'avère la principale raison pour laquelle les créationnistes ont entrepris une lutte féroce contre le darwinisme. Car, bien que la science et la religion soient deux magistères différents qu'il faut éviter de confondre, il n'en demeure pas moins que les poires et les bananes s'affrontent ici sur le terrain de la philosophie.

Deux siècles auparavant, Copernic et Galilée ont envoyé valser la terre dans l'infini de Pascal, et cela fit tout un boucan, mais jamais une attaque aussi frontale que celle du darwinisme n'aura été faite vis-à-vis Dieu. Sacré Charles, c'est en observant ses tortues et en faisant de la science qu'il aura réussi, là où bien des philosophes ont échoué : tuer Dieu. À la même époque, Marx voulait changer le monde. Et c'est Darwin qui l'a fait. Depuis ce temps, les créationnistes lui courent après, avec une brique et un fanal. Marx est mort depuis belle lurette, mais il faut toujours tuer Darwin !

Le créationnisme prend des proportions alarmantes en Occident

Les émissions qui nous ont été présentées à Radio-Canada dans le cadre du bicentenaire de la naissance de Darwin ont donné l'impression que le créationnisme ne se propage et ne se limite qu'aux États-Unis et qu'il n'y a que les Américains si éclairés pour être aussi fêlés. Détrompez-vous, le cancer vit aussi en Colombie-Britannique, par sa filiale américaine *Focus on the Family,* qui dépense annuellement plus de dix millions de dollars pour promouvoir le créationnisme au Canada. Saviez-vous que 60 % des Canadiens croient que Dieu a joué un rôle dans la création des êtres humains ? Un terreau fertile pour les fous de Dieu. Alors, quand vous entendrez un politicien, ministre, député ou chef de parti nous dire qu'il ne voit pas de contradiction entre la science et la religion, et que patati et patata, dites-vous bien qu'il pense à ses électeurs qui pensent que Dieu et Patati ont créé Patata.

Le dernier avatar du créationnisme américain est celui du dessein intelligent, datant des années1990, où l'on admet la théorie de l'évolution, mais en contestant le fait que la complexité de la vie ne peut pas être le résultat d'un processus inintelligent. Ici, c'est Dieu qui reprend sa place et qui rend à l'infernal hasard la monnaie de sa pièce. Visualisez un peu la chose comme sur un échiquier. C'est tout simple. Si j'avance le hasard, Dieu se fait bouffer et la science s'éloigne de la religion. Par contre, si j'avance Dieu, c'est le hasard qui disparaît et la science devient de la religion.

Une sorte de théologie naturelle rajeunie qui a traversé l'Atlantique, au point que le Conseil de l'Europe, en juin 2007, a sonné l'alarme dans un rapport sur *Les Dangers du créationnisme dans l'éducation* invitant les pays membres à s'opposer à l'enseignement de celui-ci en tant que discipline scientifique. Soulignons ici les pressions qui ont été faites par le Vatican, supposé fan de Darwin, sur certains parlementaires, afin que ce rapport soit rejeté. Car, s'il est vrai qu'en 1996, Jean-Paul II a admis qu'il y avait effectivement évolution dans le vivant, l'esprit de l'homme qui lui confère une dignité, ne provient toutefois pas de la matière et n'évolue pas ! Détails que les médias n'ont pas jugés bon de rapporter.

Depuis quelques années, la France, l'Italie, le Royaume-Uni, l'Allemagne, la Serbie, les Pays-Bas, la Pologne, et la Russie ont subi les assauts des créationnistes, dont le prosélytisme et l'influence augmentent à la vitesse de la lumière pour jeter l'Europe dans un nouveau Moyen-Âge. Des ministres de l'Éducation qui veulent carrément interdire l'enseignement du darwinisme aux plus modérés, qui souhaitent présenter les deux alternatives dans les cours de biologie ; la charge la plus musclée est venue du créationnisme musulman, jusque-là sous-estimé, avec l'envoi en 2007 dans les lycées, collèges et universités de nombreux pays, particulièrement en France, dans des centaines d'établissements scolaires, d'un *Atlas de la création* du fondamentaliste turc Harun Yahya, dans lequel on dénonce le darwinisme et qui promeut le Coran et l'islam. Et cela, c'est sans compter les publications distribuées gratuitement, et les sites Web attrayants des créationnistes, qui pullulent sur la toile, et les étudiants de plus en plus nombreux dans les cours de biologie qui remettent en question le savoir scientifique en disant : « *que nous ne sommes pas des animaux, mais de la dignité sur deux pattes !* »

Le combat de David contre Goliath

Va-t-on pouvoir juguler l'hémorragie ? Et peut-on penser que le Québec va demeurer indéfiniment à l'abri d'un tel cancer ? Rien n'est moins sûr. D'abord l'ignorance des jeunes sortant du secondaire en ce qui a trait au darwinisme est déplorable. Un bon nombre avoue n'en avoir jamais entendu parler. D'autres disent qu'ils n'ont qu'effleuré le sujet. Très peu finalement disent en avoir eu des explications substantielles. Et encore plus rares sont ceux qui affirment qu'on le leur a présenté comme une théorie scientifique. Bref, trop peu enseigné et trop souvent d'une manière superficielle, ce qui fait que la plupart des jeunes en retiennent surtout ceci : « *Darwin, c'est celui qui a dit que l'homme descend du singe !* » Quand on sait que ce sont les créationnistes qui ont répandu cette rumeur, alors là, il y a de quoi avoir peur !

Il y a ensuite la frilosité des enseignants en biologie à aborder cette théorie. On ne souhaite pas susciter la controverse en classe, préférant préserver son confort. Et se retranchant derrière l'objectivité scientifique, on se refuse alors à mener un combat éminemment politique. Ce qui laisse toute la place à l'hémorragie... Faut dire aussi que les gens, y compris certains enseignants, sont spontanément beaucoup plus finalistes que darwiniens, croyant que l'homme est l'aboutissement du vivant, et même s'ils ne sont pas créationnistes, ils admettent difficilement la contingence. Il y a également le relativisme au sujet du darwinisme que l'on présente comme une vision parmi d'autres, au secondaire dans les cours d'Histoire et d'*Éthique et culture religieuse,* de même qu'au collégial, dans certains cours de philosophie. « *On n'en impose aucune. C'est à nous de se faire une opinion* », me disent mes étudiants. Aurait-on idée de parler ainsi de la théorie de la gravitation ? Voilà autant de raisons nous rendant vulnérables à devenir aussi fêlés que les Américains.

Le créationnisme : un combat politique pour une théocratie

Soyons clairs. Qu'ils admettent ou pas l'évolution, la biologie n'a jamais intéressé les créationnistes. La science, ils s'en balancent. La seule chose qui leur importe, c'est de réintroduire de la transcendance dans le monde du vivant, de connecter à nouveau le surnaturel au naturel, pour nous faire croire qu'on descend du ciel, et que la religion, c'est de la science. Et de là, chasser le hasard pour redonner à la créature une mission et des devoirs envers son Créateur, ressortir la Bible ou le Coran des boules à mites pour enseigner aux enfants ce qui est bien ou mal, une morale qu'on dira « *naturelle* » avec bien sûr le label de la science. Vous croyez que j'exagère ? Non, l'enjeu ultime et inavoué de ces fous de Dieu, c'est de moraliser la vie sociale pour condamner les condoms, le sexe, l'avortement, l'homosexualité, et applaudir le sida.

Le début de ce siècle connaît un regain de ferveur religieuse à l'échelle mondiale, qui devrait nous inquiéter au plus haut point. L'offensive est sur tous les fronts. La religion investit de plus en plus la politique, minant les fondements de la démocratie et de la laïcité, et la lutte politique qui s'intensifie contre le darwinisme constitue une offensive concertée pour pénétrer plus avant dans l'éducation laïque et fragiliser son bastion le plus solide : la science. Allons-nous laisser faire cela ? À ceux qui dorment, je leur souhaite de ne jamais se réveiller !

Mars 2009

ÉPILOGUE

Dieu, Allah et Petit Pois

Mon Dieu à moi, c'est Petit Pois. Il est tout vert comme un Martien, et il roule nuit et jour, n'importe où. Il ne me demande jamais rien, se fiche de moi comme d'Épicure. Ne me dit pas quoi, quand ou comment manger ou pas manger, ni comment m'habiller ou dans quelle direction pisser. Petit Pois est bien trop grand pour cela. Tellement grand, qu'il est incapable de me faire toute petite. Il me laisse toute la place pour manger, boire, prendre femme, ou homme, et baiser. Petit Pois est vraiment grand, il me laisse toute ma vie, et c'est cela que j'apprécie.

Je peux le fourrer partout. Dans l'espace public comme dans l'espace privé. Petit Pois, l'espace, il connaît ça ! Les sans Pois devraient voir que Petit Pois est partout, mais ils n'ont pas d'yeux pour le voir, ni d'oreilles pour l'entendre. À l'Orient comme à l'Occident des continents, mon dieu, pardonnez-leur, car ils ne savent pas, que Petit Pois est le Roi.

Ma vie sans mon géant vert de Petit Pois serait assurément un gros enfer. Une litière où je dormirais tous les soirs dans la crotte. C'est pourquoi, partout où je vais, j'emmène mon Petit Pois. Je le place, là où je vous dis pas, et où certains sans Pois, y mettent l'honneur de toute leur famille. Il est au chaud, mais je ne vous dis pas où. Et pour rien au monde, je ne demanderais aux sans Pois de s'en occuper, parce que ce sont des barbares infidèles qui détestent les homosexuels et qui « *soumissionnent* » toute la

femme, parfois au grand complet, sauf les yeux, pour
ne pas qu'elle se cogne sur l'espace, et surtout, sur le
grand public, enfin, disons, la moitié du grand public
à la puissance virile, débordante et détraquée. Oui,
cher lecteur, mon Petit Pois à moi, je l'emmène partout. Même à l'école, lorsque j'étais toute petite, je le
cachais dans mon tire-pois. C'était ma coupe Grey.
Ma riche richesse. « *Mon plus grand bien, ma perle,
mon bijou, ma reine, ma duchesse* », comme je l'ai
appris dans monsieur Baudelaire. « *C'est pour défendre les filles* », me disait ma mère, aujourd'hui
réduite en cendres de cendrier, les filles, que même
encore aujourd'hui, il faut toujours défendre...

Petit Pois est l'absurde de toute ma vie. Sa pré-
sence, où je ne vous dis toujours pas où, me laisse
seule et bien tranquille, dans un immense univers,
un vaste désert à la Camus, rempli de roches et
d'effet de serre. Pas terrible pour la conversation,
me direz-vous. En cela, vous avez mille fois raison.
Et quand l'envie me prend de parler à mon parfait
Petit Pois, je me tais, pour ne pas avoir l'air d'une
carpe qui ne parle à personne, et passer, aux yeux
des autres, pour la schizophrénie sur deux pattes.

N'avoir foi qu'en Petit Pois, sans prophète et sans
loi, pour nous accommoder de tout. Du meilleur
comme du pire. D'une vie où, enfin, on respire. N'être
né pour rien, comme les petits pois, parfois dans mon
assiette, mais ne jamais être né pour un petit pain, et
comme les sans Pois, se contenter des miettes. Tout
vouloir et tout prendre. Vouloir toute la boulangerie
jusqu'à se crever la panse. Que voulons-nous ? Vivre !
Jusqu'à ce que la mort nous efface. Arrêter d'égrener
les chapelets, ces tristes bouliers de prières, qui met-

tent de la gélatine dans le cerveau et figent les idées comme du gras de cochon, à quarante sous zéro. Et que la pensée devienne populaire ! Ainsi soit-elle !

Assez parlé du bœuf et de l'âne. N'avez-vous donc pas remarqué qu'on se réchauffe de plus en plus à l'électricité ? Tous les cerveaux à lunettes sont des pois chiches qui savent que les sans Pois éteignent sans arrêt les Lumières, mais pourquoi faire semblant, et le taire ? Et ne vanter que leurs mérites, sans oser la moindre critique ? Sommes-nous devenus frileux au point de nous agenouiller devant le bœuf et l'âne ? Du Saint-Barthélemy pour tout le monde ! Allez ! La nuit à boire ! Buvez, buvez, car ceci est mon sang. Le plus beau des miracles. La Croix-Rouge au grand complet ne pourrait suffire à la tâche, pour renflouer d'hémoglobine ceux qui, depuis toujours, n'en finissent plus de s'égorger. L'agneau de Dieu, crucifié et ressuscité. Il a mélangé tout le monde, celui-là...

Non, en vérité, je vous le dis, mon Dieu à moi, c'est Petit Pois. Point n'est besoin de faire parler le plâtre, de quoi ravir les psychiatres. Suffit de se lever tous les matins, pour se rendre compte, que l'on est au monde. De se cracher dans les mains, et d'aller, loin, chacun son chemin. Petit Pois et moi n'irons nulle part, ailleurs qu'ici. Sans rêver, un seul instant, d'un monde où l'on pourrait aligner les maniaques de Petit Pois, tout à côté de ceux qui sont dans les patates. Nous n'avons, à vrai dire, Petit Pois et moi, qu'un seul vœu, et c'est celui de Spinoza : « *Soyons le plus nombreux possible à penser* ». Et que les Lumières, soient !

Janvier 2007

ANNEXE

CHARTE DE LA LAÏCITÉ

**Proposée par : Le collectif citoyen
pour l'égalité et la laïcité(CCIEL)**

PARTIE I.

UN ÉTAT LAÏC AU SERVICE DU BIEN COMMUN

1- Le Québec est un État démocratique et laïc
garant de la liberté de conscience. Outre la liberté
de culte ou de conviction qui protège l'individu, il
permet librement à tous de choisir ou non une
option religieuse ou humaniste, d'en changer ou d'y
renoncer.

2- Il s'assure qu'aucun groupe, aucune communauté n'impose à quiconque une appartenance ou
une identité confessionnelle, en particulier en raison de ses origines.

3- Il privilégie l'application de lois civiles par
opposition à des lois dites divines. Il protège chacune et chacun contre toute pression, physique ou
morale, exercée sous couvert de telle ou telle pres-
cription religieuse.

PARTIE II.

LES INSTITUTIONS PUBLIQUES

4- Les institutions publiques doivent refléter la neutralité de l'État. En conséquence, tout signe religieux ostentatoire doit être interdit.

5- Cette interdiction ne s'applique pas au patrimoine religieux, qui fait partie de l'histoire nationale, et doit être préservé.

LES AGENTS DU SERVICE PUBLIC

6- Tout agent public a un devoir de stricte neutralité.

7- Il doit traiter également toutes les personnes et respecter leur liberté de conscience.

8- Le fait, pour un agent public, de manifester ses convictions religieuses – par exemple, par le port de signes religieux ostentatoires ou par la pratique du culte – dans l'exercice de ses fonctions constitue un manquement à ses obligations.

9- Il appartient aux responsables des services publics de faire respecter l'application du principe de laïcité dans l'enceinte de ses services.

10- La liberté de conscience est garantie aux agents publics. Ils bénéficient d'une banque de congés civils pour participer, s'ils le souhaitent, à une fête religieuse dès lors que ces congés sont compatibles avec les nécessités du fonctionnement normal du service.

11- Tous les employés des services publics bénéficient de la même banque de congés, peu importe
leur appartenance religieuse ou leurs convictions.

LES USAGERS DU SERVICE PUBLIC

12- Tous les usagers sont égaux devant le service
public.

13- Les usagers des services publics ont le droit
d'exprimer leurs convictions religieuses dans les
limites du respect de la neutralité du service
public, de son bon fonctionnement et des impératifs
d'ordre public, de sécurité, de santé et d'hygiène.

14- Les usagers des services publics ne peuvent
récuser un agent public ou d'autres usagers, ni exiger une adaptation du fonctionnement du service
public ou d'un équipement public pour des motifs
religieux.

15-   Les usagers séjournant à temps complet
dans un service public, notamment au sein d'établissements médico-sociaux, hospitaliers ou péni-
tentiaires, ont droit au respect de leurs croyances
ou de leurs convictions.

16- Ils pourront participer à l'exercice de leur
culte si telle est leur volonté, sous réserve des
contraintes découlant des nécessités du bon fonctionnement du service.

PARTIE III.

LES ÉCOLES PUBLIQUES
ET PRIVÉES CONFESSIONNELLES

17- L'État doit interdire aux élèves des écoles publiques primaires et secondaires tout port de signes religieux ostentatoires.

18- L'État doit mettre fin aux subventions publiques aux écoles privées confessionnelles.

19- L'État doit abolir le programme d'*Éthique et de culture religieuse* (ÉCR).

CET OUVRAGE COMPOSÉ
EN CENTURY SCHOOLBOOK 12 PTS
A ÉTÉ ACHEVÉ D'IMPRIMER
SUR LES PRESSES
DES IMPRIMERIES TRANSCONTINENTAL
EN OCTOBRE DEUX MILLE ONZE